ONLY THE PARANOID SURVIVE
How to Exploit the Crisis Points
That Challenge Every Company

只有偏执狂才能生存

特种经理人培训手册

（纪念版）

[美] 安迪·格鲁夫◎著
安然　张万伟◎译

中信出版社·CHINACITICPRESS ·北京·

图书在版编目（CIP）数据

只有偏执狂才能生存：特种经理人培训手册 /（美）格鲁夫著；安然，张万伟译. —3 版.
—北京：中信出版社，2014.2（2025. 9 重印）
书名原文：Only the Paranoid Survive
ISBN 978–7–5086–4377–9
I. ①只… II. ①格… ②安… ③张… III. ①企业管理 IV. ①F270
中国版本图书馆 CIP 数据核字（2013）第 284569 号

只有偏执狂才能生存：特种经理人培训手册（纪念版）

著　　者：[美] 安迪 · 格鲁夫
译　　者：安　然　张万伟
策划推广：中信出版社（China CITIC Press）
出版发行：中信出版集团股份有限公司
（**北京市朝阳区东三环北路 27 号嘉铭中心　邮编**　100020）
（CITIC Publishing Group）
承 印 者：北京通州皇家印刷厂

开　　本：880mm × 1230mm　1/32　　印　　张：7.75　　字　　数：230 千字
版　　次：2014 年 2 月第 3 版　　印　　次：2025 年 9 月第 41 次印刷
京权图字：01–2010–3493
书　　号：ISBN 978–7–5086–4377–9 / F · 3087
定　　价：36.00 元

ONLY THE PARANOID SURVIVE

目录

只有偏执狂才能生存

如果放任自流，战略转折点会将企业置于死地

我信奉"只有偏执狂才能生存"（Only the Paranoid Survive）这句格言。初出此言是在何时，我已记不清了，但如今事实仍是：只要涉及企业管理，我就相信偏执万岁。企业繁荣之中孕育着自我毁灭的种子，你越是成功，对你垂涎三尺的人就越多。他们会一块块地窃取你的生意，直至最后一点都不剩。我认为，作为一名管理者，最重要的职责就是常常提防他人的袭击，并把这种防范意识传递给手下的工作人员。

让我不惜承受偏执之名的事情有很多。我担心产品会出岔，也担心在时机未成熟的时候就介绍产品；我担心工厂运转不灵，也担心工厂数量太多；我担心用人是否正确，也担心员工士气低落。

当然，我还担心竞争对手。我担心有人正在算计如何比我们做得多快好省，从而把我们的客户抢走。

但是这些疑虑，与我对所谓“战略转折点”（strategic inflection points）的感受相比，就不值一提了。

稍后我会解释战略转折点的含义。这里我姑且说，战略转折点就是企业的根基即将发生变化的那一刻。这个变化有可能意味着企业有机会上升到一个新的高度，但它也同样有可能标志着企业没落的开端。

技术上的变化可能导致战略转折点的出现，但战略转折点又不仅仅取决于技术上的变化。竞争对手也可能导致它的出现，但它也不仅仅取决于竞争的反应。它是企业方向上的全面变动。因此，单单运用新技术，或与过去一样同竞争对手搏斗，都不足以解决问题。它的力量是在暗中渐渐聚集起来的。你知道有变化，却不知道什么在变。

我们直截了当地说吧，如果放任自流，战略转折点会置企业于死地。那些由于经历了转折点的变化而开始衰退的企业，很少能够复兴。

然而，战略转折点并不总是一条导向灾难之路。当企业的发展方向改变时，那些善于用新方法经营企业的领导者就会获得用武之地。对新手来说也好，对在任者来说也好，战略转折点都可能意味着一个新的发展机会。

你可以是战略转折点的承受者，也可以是它的引发者。我在英特尔公司就曾身兼此二职。20 世纪 80 年代中期，日本的存储器厂家把我们推入了巨大的转折点，我们不得不退出内存芯片的生产，而转入另一个较新领域，即微处理器的开发。我们全力经营的微处理器业务，又把其他公司纷纷推入转折点。它们很难再立足于计算机中央处理器产业。经受了转折点的影响，又成为它的引发者之后，我可以确定地说，前者的处境更为艰难。

我是在技术工业之中成长起来的，我的许多经验都源于那里。本书中有许多事例，采用的都是我所知道的技术概念及技术例证。但是，战略转折点虽然常由技术事件所引起，却不仅仅局限于技术工业范围。

自动取款机的发明已使银行业务发生变化。如果互相联通的低成本计算机可以用于医疗诊断或咨询，它一定会改变医疗事业。如果所有的娱乐项目都能以数字的方式创作、贮存、发送和显示，那么整个传媒工业就会改弦易辙。一句话，战略转折点是所有企业中的根本转变，无论它是技术型企业，还是非技术型企业。

我们生活在一个技术飞速变化的时代，它的震荡波传遍所有的产业。无论你靠什么为生，对你影响重大的变化都越来越有可能发生。新方法的出现会引发始料未及的新的竞争。

你居住的地点无足轻重。从前，漫漫长路仿佛一道天堑，把我们与地球另一边的人们远远隔开。但是，技术的发展一天天、一点点地在填平这道天堑。无论谁，都有可能成为我们每个人的合作者或竞争者，他们与在我们楼下工作的同事并无二致。技术的变化迟早会触及和改变你的企业中的根本部分。

这种发展是建设性的，还是破坏性的呢？我看两者兼而有之，且都不可避免。技术上可能做到的事，总有一天会变成事实。我们无力阻止这些变化，也不能熟视无睹。相反，我们应该集中精力与之周旋。

无论是在公司的业务上，还是在个人的前途上，处理战略转折点的方法都比较相似。

如果你是一名企业经营者，就应该认识到仅凭一些事前的计划是不可能预测这种变化的。这是不是意味着不必做计划了呢？当然不是。计划的制订应该仿效消防部门。谁也不能预料下一次火灾将在何处发生，因而要做的事就是组建一支精力充沛、效率很高的队伍，使之能够像处理普通事件一样处理意外事件。理解战略转折点的本质及具备对付它的手段，可以帮助你维护公司的兴盛，救公司于水深火热之中，并使之在新秩序下蓬勃发展。这是你的职责，没有人能够代替你去做。

如果你是一名雇员，你迟早会受到战略转折点的影响。在你的部门发生了翻天覆地的变化、你所在的公司被无情地吞没之后，有谁知道你的工作会是怎样？有谁知道你还有没有工作？说实话，除了你自己，还有谁关心这些？

前不久，你进了一家公司，还满以为可以终身不愁。但是，当公司自己都没有终身可言时，雇员还能指望什么呢？

公司使用了几十年的经营良方已成为历史，它们在挣扎着适应变化的格局。那些历经数代坚持不解雇雇员的公司，如今一次裁员就把万名员工赶上街头。

可叹的是，没有人欠你一份工作。这完完全全是你自己的事，只由你一人负责。你唯一的雇员，就是你自己。全世界的几百万名职工，正在与你竞争。你需要把握自己的前途、自己的技术、自己的行动安排。保护自己的事业免受侵害，并使之从各种环境中获益，是你的职责。没有人能够代替你去做。

身为英特尔公司的高级管理者，我却是学习战略转折点的学生。对战略转折点的思考，帮助我们的企业在日益激烈的竞争中求得生存。我是一个工程师、一个经理人，但我常常认为我还有必要做一个老师，把我的思考所得、经验教训公之于众。

本书并非回忆录。我每天的工作就是与客户和商业伙伴打交道，并不断地猜测我的竞争对手有何图谋。本书中有些地方涉及我在这些交往中的所见所闻，但这并不表示公开竞技，它们只是一些商务性质的商谈，对英特尔公司和其他公司都有用。我应当对此表示尊重。因此，请原谅我在这些故事中用了一般化的描述并隐去了人物的真名，这是不得已而为之的。

本书叙述的是变化中的规则具有的影响力，也就是说，如何在未开垦的土地上走出你自己的路。我希望通过具体事例以及我与他人的经验反思，能够使你意识到经历剧变是怎样一种情形和怎样建立一个用以对付剧变的框架模型。

如上所述，本书也与个人事业前途有关。随着企业在新的基础上建立，或为了运营而在新的环境中重建，个人的事业也就随之或毁灭，或飞跃。希望这本书能教给你一些困境求生的方法。

我们就以战略转折点中期的形势作为本书的开始吧。有些东西正在经历剧变而改头换面，但是你却正忙于寻找求生之路，无暇顾及变化本身的意义。只有在回忆之中，这种意义才能清晰起来。首先，让我讲述一个令人痛心的故事：1994 年秋天，英特尔公司的一流产品奔腾微处理器出了问题。

ONLY THE PARANOID SURVIVE

How to Exploit the Crisis Points That Challenge Every Company

第一章 风向变了

如今新规则盛行，它们强大到足以让我们损失上差不多5亿美元。

担任英特尔公司的董事长兼首席执行官的同时，我还在斯坦福大学商学院兼职教授战略管理课程。我和另一位教授罗伯特·布格尔曼（Robert Burgelman）给学生们评分的方法，常常是在学期末检查一遍他们的出勤情况，趁着记忆还清晰的时候为学生们的课堂表现打分。

在 1994 年 11 月 22 日，也就是感恩节前的那个星期二的上午，我觉得给学生们打分花费的时间比平时要长，于是我想给办公室打电话，说我不能去公司了。正在这时，电话铃响了起来。一位负责对外联络的领导有急事要找我谈。她告诉我，美国有线电视新闻网（CNN）要派人来我们英特尔，他们已风闻奔腾处理器的浮点问题。

这里我要向前追溯一段。首先，简单地介绍一下英特尔公司。1994 年，英特尔公司是收入超过 100 亿美元的计算机芯片生产厂家，在全球首屈一指。公司有 26 年的历史，在此期间曾领导生产了现代技术中两项最重要的组件——存储器芯片和微处理器。1994 年，我们的业务大多数是围绕微处理器开展的，业绩相当不错，效益非常好，年增长率大约为 30%。

1994 年对我们来说是不寻常的一年，其中还有一个原因。就在这一年，我们最新一代的微处理器——奔腾处理器——全面投入了生产。这个项目非常重要，牵涉到千百家我们的直接客户，即计算机厂家。这些厂家中，有的满腔热忱地拥护这项新技术，有的则不然。我们把全部精力投入这个项目中去，做了大量的产品广告，以吸引计算机买家。在公司内部，我们在全球建立了 4 个生产基地。该项目取名为“1 号任务”，好让所有的雇员都明白我们的工作重点所在。

就在这种情形下，麻烦出现了。早在几个星期之前，在一个由对英特尔感兴趣的人组成的互联网论坛上，一些雇员就听到了名为“奔腾 FPU 中故障问题”的评论（FPU 是浮点运算器的缩写，是芯片中处理重荷数学运算的部分）。一位数学教授告知他们，奔腾芯片在数学运算能力上存在问题。这位教授说，他在研究一些复杂的数学题时，机器出现了除法错误。

我们对这个问题并不陌生，早在数月之前就曾遇到过。这是由芯片上的一个微小的设计错误引起的，在 90 亿次除法运算中会出现 1 次错误。最初，我们极为重视这件事，因此组织研究了这个问题，想弄清楚 90 亿次中的 1 次错误究竟意味着什么。研究的结果使我们松了一口气。比如，平均每位使用空白表格程序的用户会在使用该程序的每 7 000 年中遇上 1 次计算错误。这个时间远远短于芯片的半导体出现其他问题的时间。因此，我们一面摸索和试验其改进方法，一面把该芯片投入市场。

就在此时，在互联网上有关此事的讨论引起了财经新闻界的注意。《商业周刊》在头版头条详细准确地刊登了这些评论内容。这之后一星期内，其他商业报刊也转载了这些评论，但并未大张旗鼓。事情好像也就是这样了。直到感恩节前的那个星期二还是这样。

电视新闻网的人来了，要和我们谈谈。他们看上去非常愤怒。制片人已经开始与我们公共关系部的负责人谈话了，他的语气咄咄逼人，就像是在法庭上指控我们一样。我和负责对外联络的一位领导通电话时，感到形势不妙。于是我把学生们的作业收好，立即赶回办公室。形势果真不妙。电视新闻网的人制作了一则令人非常不悦的短片，将于次日播出。

这之后的几天，每一家大型报纸都开始报道这件事情，有的标题为“奔腾芯片出现故障，计算准确性无法保证”，有的是“奔腾芯片：买还是不买？”电视台的记者们埋伏在我们总部外面，网上的来函问询络绎不绝。每一个美国人似乎都对此很感兴趣，接着又波及其他国家。

用户开始要求我们更换芯片。根据我们的更换规定，在更换之前要查明问题，并进行评估。那些用户表示，为了能够更换芯片，他们可以多进行几次除法运算。对于其他的用户，我们则跟他们一起查看研究分析的结果，把有关此事的报告白皮书送交他们审阅，尽量使用户放心使用该芯片。一个星期后，这个双管齐下的办法收到了良好的效果。外界打来的电话渐渐少了，我们可以致力于改进我们的更换工作了。尽管媒体还常常跑来骚扰我们，但是，无论是从计算机的销售，还是从用户的更换要求来看，我们正在切实解决问题。

12 月 12 日星期一上午 8 点，我走进办公室，看到我的助手在平常用来夹电话留言的小夹子里夹了一张折叠着的计算机打印稿。这是一份通讯社报道，与平常一样，只有标题："IBM停止运送所有基于奔腾芯片的计算机"。

问题再一次恶化了。IBM的行为举足轻重，因为它是IBM。近年来IBM PC机的市场业务虽不像前些年那样红火，但它毕竟是IBM—PC机的创始人，而且选中了英特尔技术作为其基础。是IBM让英特尔的微处理器名声大振。PC机问世以来的 13 年，IBM一直是该工业的头号大腕，它的行为自然受到普遍关注。

电话铃声再次响起，人们从世界各个角落打来电话询问情况。我们的"其他"用户也想知道发生了什么事情。一星期前，这些用户的语气还是积极的、建议性的，而现在，他们迷惑不解、焦急不安。我们又退到了防御的位置。

处理此事的大多数雇员都是在近10年间进入英特尔公司的。这些年，公司的业务蒸蒸日上。他们的经验就是：只要努力工作，一步一个脚印走，就能够有好收成。现在，预期的成功忽然成了泡影，一切变得不可捉摸。我们的雇员心神不宁，甚至感到恐惧。

问题还有另一面。他们即使走出了英特尔公司的大门，回到家里，还要面对朋友和家人奇怪的目光，或谴责，或不解，好像在问："你们都在做什么？我在电视上看到的太多了，他们说你们的公司贪得无厌、专横傲慢。"我们的雇员，从前跟人提起自己在英特尔公司工作，无不受到啧啧称赞，而如今他们听到的却是一些贬毁公司的笑话，比如，"用奔腾芯片帮助一个数学家后得到了什么？——一个精神错乱的科学家。"他们无处可逃：每一次家庭晚餐，每一个假日聚会，都充斥着这个话题。这种变化令他们难以承受。只要想到第二天早上还要回公司接电话、装配产品，他们就垂头丧气。

我的日子当然也不好过。自从英特尔公司创立起我就从事这项工作，至今约有30年了。这期间我也经历了一些严重的业务困难，但是这次非同寻常，要比其他几次都棘手得多。事实上，这次与其他几次的问题毫无相似之处，每走一步都不一样，它发生在我们不熟悉的艰难地段。我白天拼命工作，回家的路上却立刻感到情绪消沉。我感到我们仿佛被敌军围困，正遭到狂轰滥炸。为什么会发生这样的事呢？

离我办公室20英尺远的528会议室，成了英特尔公司的战争总部。椭圆形的会议桌原先只供12人开会，然而现在它每天都要接待好几拨30人以上的参会者。他们挤满了房间，有的坐在书柜上，有的靠墙站着，有的来回走动，有的从前排取回公函，离开房间去执行大家已经一致同意的计划。

经过数天与公众舆论的斗争以及对电话和诋毁文章的处理，我们知道我们不得不进行重大变动。

这之后的那个星期一，12月19日，我们彻底改变了方针政策。我们决定，为所有要求更换部件的用户更换部件，无论他们是用机器做统计分析，还是玩电子游戏。这个决定非同小可，那时我们已将数以百万计的芯片装船送出，没有人知道有多少会被退回——可能只是几片，也可能是全部。

我们组织了一批基层职员来应付洪水一般的电话问询。在这以前，我们从未有过这么大的客户业务，因为我们从不需要应付消费者提出的种种问题。而现在，我们几乎天天都要和客户打交道，而且这还成了一件相当重要的事。电话接线员队伍最初是自愿组成的，由来自英特尔公司各个部门的雇员组成——设计师、市场经理和软件工程师。他们都放下了手头的工作，坐到了代用桌前，接电话、记名字、记地址。我们开始系统地管理几十万片芯片的更换工作。我们的后勤人员押送着这些芯片来来往往，而且还设立了服务网，为那些不愿自己动手的顾客更换芯片。

我们初次发现浮点问题的那一年夏天，就已经改进了芯片的设计，仔仔细细地反复检查，以确保这种变化不会引发任何新的问题。在芯片事件爆发时，我们已经将改进版的芯片投入生产，现在我们又决定加速这种新老产品更替。为此，我们取消了工厂的圣诞节假期，又把生产线上的旧材料全部拆卸抛弃，以加快生产速度。

最终结果是，我们耗费了巨资——达 4.75 亿美元之多——主要是更换部件的费用，也包括从生产线上拆卸下来的旧材料的价值。这相当于研发部门半年的预算，或奔腾处理器 5 年的广告费用。

我们开始走上全新的企业发展之路。

我们这里出了什么事呢？是一件大事，一件非同寻常、意料之外的事

26 年来的每一天，都是由我们自己来评定自己产品的优劣，是我们制定了质量标准和特殊要求，并把我们认定合格的产品装船运输。总之，是我们设计孕育了这些产品，因而我们拥有绝对的权利与义务来判断产品何时为优，何时为劣。没有人对我们的权利表示怀疑，我们的判断通常是准确无误的。26 年来，我们率先生产了一系列经典产品：动态随机存取存储器（DRAM）、其他

类型的存储器芯片、微处理器、插件式计算机等。我们的产品已经成为数字电子设备的基本组成元件。而如今，我们忽然成了众人目光的焦点，他们脸上奇怪的表情似乎在说：“你们有什么资格来告诉我们孰优孰劣？”

此外，我们通常不把微处理器出售给计算机用户，而只售给计算机厂家。这样，过去不论出现什么问题，我们总是在会议室里与厂家、工程师讨论，把数据分析作为解决问题的根据。而如今，每天忽然有25 000名计算机用户打来电话，说：“给我新组件！”我们是在应对那些并非直接从我们公司购买产品而又对我们怒气冲冲的人。

最令人难以接受的是我们公司在外面的形象。我还是认为我们是一个充满活力和创造力的新企业，与其他具有活力和创造力的新企业相比，只是规模稍大一些而已。这种优势有可能立刻不复存在。我们的雇员仍然把公司利益视作高于个人的利益，一旦出现问题，他们就会在没有任何人下达命令的情况下，从不同的部门走到一起来，为此付出令人难以置信的时间和精力。而如今，外界似乎把我们视为大型公司的典型，并且，公众认为这个大型公司正在闪烁其词，推诿搪塞。外界对我们公司的看法和我对我们公司的看法大相径庭。

出了什么事？现在怎么会是这样？这一次哪里出了变化？的确是有些东西改变了，然而，“不识庐山真面目，只缘身在此山中”。在这件事发生的过程当中，我们并不知道究竟是什么东西起了变化。

我们怎么了?

大约一年之后，我再回想这件事，终于看到了长期影响我们的两大因素。正是它们促使微处理器中的一个小小的浮点差错升级为在 6 周内损失 5 亿美元的局面。

第一个因素就是我们改变产品形象的企图。几年前，我们开始了一次关键的销售活动——“Intel Inside”项目。这是该行业有史以来规模最大的运动，事实上它被列为最重要的用户销售活动之一。它的目的是告诉计算机用户，他们的计算机内部安装的微处理器，就是英特尔处理器。

像其他成功的用户销售活动一样，这次活动的作用是强调事实。即使在此之前，你要是问一个人，有台什么样的计算机，他先会说，“我有台 386”——这指的就是计算机内的微处理器芯片——然后才会介绍计算机的品牌，装有什么样的软件等等。计算机用户本能地知道，计算机的身份等级就主要取决于内部的微处理器。这显然对我们极为有利。它赋予我们特殊的身份，并且帮助用户认识我们，认识我们的产品。

我们发起这次活动，为的是把这一信息传播给更多的用户和未来的客户。我们设计了鲜明的广告语，与使用我们微处理器的厂家合作，在宣传他们产品的广告中展示我们的广告词，并在计算机上贴上印有该广告的胶贴纸。国内外有数百家厂家参加了这次活动。

我们为了打出牌子耗资甚巨。在世界各地都矗立着写有“Intel Inside”的广告牌，我们用多种不同的语言在电视上做商品广告。在中国，我们还发送了成千上万的带有“Intel Inside”字样的自行车反光罩。1994 年，调查显示我们的广告词已经与可口可乐或耐克并肩成为最广为人知的广告词之一。因此，我们的品牌产品奔腾芯片一出现问题，用户就直接把矛头指向我们。

造成这次大破坏的第二个根本原因就是我们企业的规模。这些年来，我们已经成为世界最大的半导体生产厂家。那些几年前还被我们视为庞然大物的美国公司、厂家，在规模上已被我们超过。我们的规模甚至超过了 10 年前曾威胁我们生存的日本厂家(第五章中将详细讲述)。而我们还在飞速发展，我们的速度超过了大多数大公司。不仅如此，我们的规模还在我们的大多数企业客户之上。我记得在英特尔公司成立早期，这些企业客户还被认为是规模极其庞大的集团公司。在这条成长的道路上，我们的规模发生了逆转，就像长大了的孩子忽然低下头看他的父亲一样。

这一切在过去 10 年中变化得很快。特别是对规模的自我认识时不时触动着我们。我们大都是从其他公司对我们业务的尊重中得知我们的“大”的。虽然如此，这并不是我们赖以生存的东西。这种意识只是慢慢产生的，而且不过是产生了而已。

现在，我们正在应付我们巨大的规模和特殊的身份所造成的后果，一个既令人不快又让人棘手的后果。在客户的眼中，我们的形象已经很高大。不幸的是，只有经历一次大破产，我们才能意识到这一点。

这些变化是潜移默化的，但是时间长了也就积少成多。旧的商业规则不再适用，新的规则正在盛行，它的威力迫使我们采取行动，从而耗费将近 5 亿美元的巨资。

但问题在于，我们不仅没有意识到规则在变，而且对于现在应该遵守哪些规则也一无所知。

在此事发生之前，我们向计算机厂家供应产品的情况一直良好，而且竭尽全力保证产品的质量。我们向这些计算机公司的工程师出售产品，也向计算机用户出售产品。我们办事快速灵活，就像所有优秀的新企业一样，我们工作努力，也得到了很好的回报。然而，忽然之间，这一切都变得远远不够了。

我们身上发生的事情，同样也发生在其他许多企业的身上。所有的企业都根据一套不成文的规则来经营，这些规则有时却会变化——并且常常是翻天覆地的变化。然而，却没有什么明显的征兆为这种变化敲响警钟。它悄然发生在你们身上，也悄然发生在我们身上，毫无征兆。

这就好比在行船之时，风向变了，可是却因为某些原因，比如风在高空转向，而你在地面上却丝毫没有感觉到。突然，船倾斜了，过去适用的一切现在已经毫无帮助，你必须在船倾倒之前迅速改变航向。然而要获得正确的航向，又必须感受到风的新方向及其强度。此时此刻，要采取决定性的行动是非常困难的。

这种现象极为常见。一个企业总是要给其他企业带来变化。竞争和技术都会引起变化，规则的出现和消失更加剧了变化。有时这些变化只影响到单个公司，其他时候则会波及整个行业。因此，能够识别风向的转变，并及时采取正确的行动以避免沉船，对于一个企业的未来是至关重要的。

老板总是最后一个得知真相的人

奔腾浮点事件发生后的三个月内，微软公司的新系统Windows 95项目被延缓，苹果公司也延缓了新软件Copland的推出。商业报刊上对于视窗计算器和苹果的文字处理系统Word软件中长期存在的缺陷大肆渲染，闹得家喻户晓。除此之外，迪士尼公司的《狮子王》游戏光盘和直觉（Intuit）公司的税务程序也由于存在问题而成为报纸每日披露的对象。不仅是英特尔公司发生了变化，其他高科技企业也是在劫难逃。

我认为这种变化并非高科技企业独有的现象。在报上，我看到无数其他行业部门出现类似的事例。传媒公司、电信公司，还有银行和医疗保健单位，都由于行业上发生的变化而经历了巨额投资、互相吞并以及经济损失。这些变化中的绝大多数都与技术有关，这是由于技术赋予了每个行业部门的公司和企业以改变其周围秩序的能力。

如果你在这些企业工作，并且处于中层管理岗位，你就很可能比整个公司和高层管理人员更早感觉到风向的变化。中层管理者，尤其是那些与外界打交道频繁的人，比如销售人员，通常是意识到规则变化的第一批人。但是，他们却很难如实地把这些变化向高层管理者解释清楚。因此，高层管理者有时直到很晚才明白周遭世界的改变——老板则是最后一个得知真相的人。

我举一个例子。最近我听到一些评论，有关一家公司大力宣传的某种新软件。这家公司生产的其他产品，我们已经使用过。但当时我们公司信息技术部的经理说，如果我们试用这种新软件，可能会遇到意想不到的麻烦，因此她说还是等到这种新软件的下一代出炉时再做决策。我们的市场部经理说，其他公司也持相似的态度。

我给该公司的总裁打了个电话，把我听到的评论告诉了他，并问："你们是否考虑改变策略，直接进入下一代产品呢？"他回答说："办不到。"他们仍坚持原计划，并且不承认他们的策略存在任何问题。

我把这件事告诉信息技术部经理，她说："呃，他总是最晚得知的人。"和其他公司的总裁一样，他稳坐在固若金汤的宫殿之中，外界发生的事情，必须过五关斩六将，才能传到他耳朵里。我们的信息技术部经理，则身处外围，市场部经理也在他的位置上遭遇了小小的战斗。

我是最晚得知奔腾危机含义的人之一。只有在遭受了一场枪林弹雨般的指责非难之后，我才意识到形势变了，我们需要适应新环境。如果我们改变方向，就能保住这一众人皆知的品牌，保住用户心中的巨人形象。如果我们知错不改，坚持老路，我们不仅会失去与未来客户搞好关系的机会，还将给公司的名誉和财务带来严重的破坏。

这次的教训就是，我们所有的人，都必须亲自去接触变化的风向。我们要深入我们的客户，不论是那些现在已有的客户还是那些有可能因为我们目光短浅而失去的未来的客户。我们要深入基层的雇员，鼓励他们告诉我们我们应该知道的情况。我们要征求那些以评估和评论我们职业的人的意见，比如记者，还有金融界的人物。把地位颠倒一下，反过来问他们一些我们最关心的问题，比如有关竞争对手或行业发展趋势的问题。这些直截了当的举措会迅速使我们的感觉和直觉敏锐起来。

第二章　10倍速变化

这种转变给企业带来了深刻的影响，企业对这种转变的处理决定了企业的未来。

我们做经理的喜欢谈论变化。顺应变化已成为企业管理中的经典论调。然而，战略转折点远远不只是变化本身。这就好比6级湍流对水面状态造成的变化，即使是专业的放筏好手，面对这种极为危险的猛烈湍流，也来不得半点疏忽大意。这可不是普通的水流。

前面我们谈到了在战略转折点中期的经历。现在，我想回过头来分析一下它形成的原因。

影响企业竞争力的六大因素

大多数对企业竞争力的分析属于静态分析。这种分析描述了在某一特定时期内存在的相关因素，并解释这些因素如何相互作用，从而给企业带来利益或造成麻烦。可是，如果这些因素的平衡将被打破，形势发生重大的变化，那么静态分析就毫无用武之地。例如，这些相关因素中的一个，其重要性增加了10倍，传统的竞争力分析就无法帮助我们理解企业应当如何经营。

不过，上述分析仍为研究影响企业的因素提供了良好的方法。哈佛大学的迈克尔·波特（Michael Porter）教授提出了传统竞争力的各种因素。现在，让我们浏览一下这种分析方法的内容。好几代商业人士和商学院学生，都接受了这些因素的理论。因此，我想以此作为讨论的出发点。波特认为影响企业竞争力的因素有五个。根据我的理解，它们是：

- 公司现有竞争对手的实力、活力和能力：

  竞争对手数量多吗？它们的资本是否雄厚？它们是否清清楚楚地瞄准了你？

- 公司的供应商的实力、活力和能力：

  供应商数量是很多，让你的业务有足够的选择余地；还是只有几家，它们可以扼住你的咽喉？它们是充满挑衅，贪得无厌；还是较为谨慎稳妥，并把对客户情况的长远评价作为企业指导？

- 公司的企业客户的实力、活力和能力：

  企业客户数量是很多，还是仅仅依靠一两家主要客户做生意？它们是倚恃激烈的竞争而对你求全责备，还是采用较为温和的态度？

- 公司潜在竞争对手的实力、活力和能力：

  这些对手现在还没有出现，但是形势一变，它们就可能加入进来。这样看来，它们可能比现有的竞争对手更加强大有力，资金更加雄厚，态度也更加强硬。

• 你的产品或服务项目采用其他方式投产或发送的可能性：

这常常叫作“替代方式”（substitution），我认为这是最致命的一点。新技术、新方法可以颠覆旧秩序，建立新规则，使商业环境发生翻天覆地的变化。这就类似于公路运输和航空运输对铁路运输的冲击，集装箱货运对传统海运的冲击，超级市场对小商店的冲击，微处理器对运算的冲击，以及数字媒体对娱乐的冲击。

最近，新改进的竞争力理论在这五个因素之上又增加了第六个因素：

• 互补企业因素：

互补企业就是为客户提供互补型产品的其他企业。每个公司的产品都要和其他公司的产品互相结合，才能发挥更大的作用。有的产品甚至不与其他产品结合就无法使用。汽车需要汽油，汽油也需要汽车。计算机离不开软件，软件也离不开计算机。[①]

① 参见布兰登伯格（Adam M. Brandenburger）与奈勒鲍夫（Barry J. Nalebuff）合著的《正确的游戏：以游戏理论塑策略》（*The Right Game: Use Game Theory to Shape Strategy*）一文，刊登于1995年7月至8月的《哈佛商业评论》（*Harvard Business Review*），第60页。

互补企业通常和你的公司在利益上同呼吸、共命运，它们的经营方向和你们通常是一致的。我把它们叫作“旅伴”。你们双方齐心协力之时，便能共同前进，互相支持。可是，新技术、新方法能够颠覆旧秩序，改变互补企业对你的影响，甚至使你的“旅伴”与你分道扬镳。

这六个因素如图 1 所示。

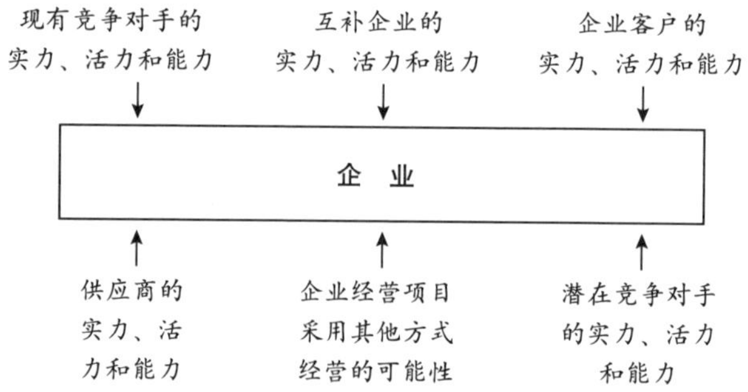

图 1　六大因素图

超竞争因素

当企业中的某一部分发生了重大的变化，超过了企业以往能够承受的程度时，成败就在此一举了。风起了，接着台风来袭；浪起了，狂涛紧随其后。竞争因素出现了，超竞争因素也出现了。我把上述六个因素中的其中一个发生的这类剧变叫作“10 倍速变化”(a “10X” Change)，意为该因素在短期内势力增至原来的 10

倍。我们用图2来表示。

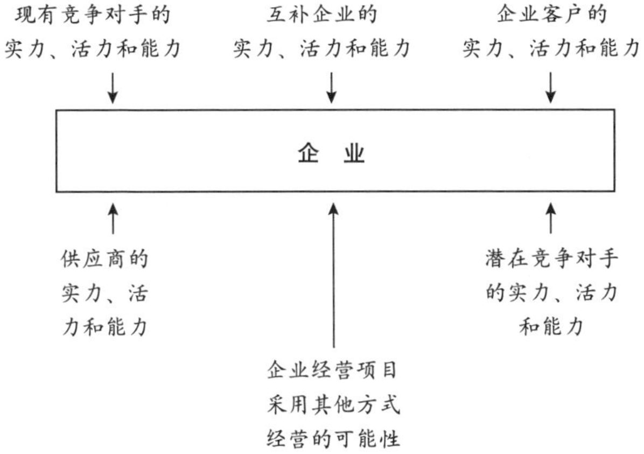

图2　加入10倍速因素的六因素图

当企业从前一幅图的状态演变到后一幅图的状态时，它就面临着一场剧变。在10倍速因素面前，你可能会失去控制自己命运的能力。企业中发生了从未发生过的事，你的决策与行动对企业不再起作用。这里，我们很快就要听到这句震撼人心的话——“变化出现了”。

面临10倍速变化的时候要想管理企业简直难于上青天。从前的管理手段无一奏效，我们失去了对企业的控制，而且不知道如何重新控制它。最终，业界将达到一个新的平衡。一些企业强盛起来，另外一些衰败下去。但是，图3中的转变时期却显得格外变幻莫测、令人费解。

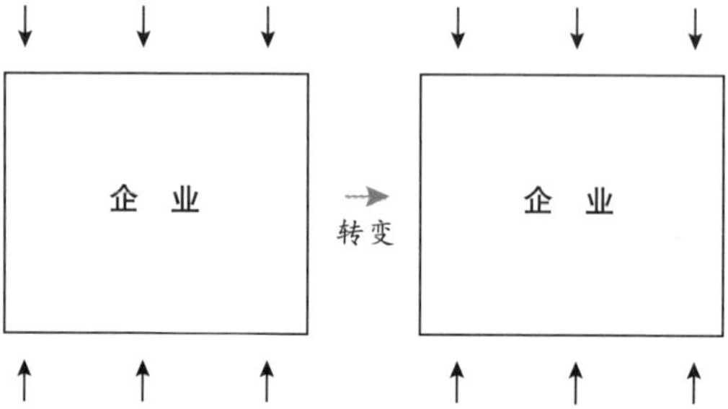

图 3　企业在两种状态之间的转变

如今，没有人会事先为你敲响警钟，提醒你已站在转变的边缘。这是一个渐变的过程。各因素的力量悄然积聚，并使企业的特性发生改变。只有开端和结尾两种状态是明确可辨的，中间的转变过程则潜移默化，扑朔迷离。

这种转变给企业带来了深刻的影响。企业对这种转变的处理决定了企业的未来。我想用转折点的思想来解释这个现象。

战略转折点

什么是转折点？数学上，当曲线的斜率变化比率（也就是它的“二阶导数”）开始改变符号，比如由负转正的时候，我们就遇上了拐点。物理学上的转折点，指的是凸面线转化为凹面线（或相反）的那一点。从图 4 可以看出，曲线经过拐点之后，开始改变原来的方向而向另一方向弯曲。

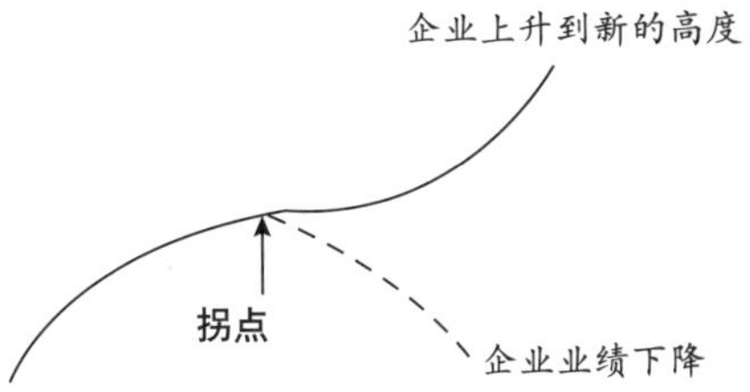

图4　拐点曲线

企业上的战略问题也是一样。在拐点上，旧的战略图被新的所替代，使企业能够上升到新的高度。但是，如果你不经历拐点（转折点），你的企业就会先上升到一个高峰，然后滑向低谷。转折点出现的时候，经营者迷惑不解地观察到，“形势不同了，有些东西发生了变化。”

换句话说，战略转折点出现时，各种因素的平衡无论在结构上、企业经营方式上还是竞争方式上都实现了新旧交替。在战略转折点出现之前，企业比较近似于过去的形态，而在战略转折点出现之后，它更趋近于未来的形态。在这个点上，曲线发生了微妙却又深刻的变化，再也不可能重新回到原来的状态。

战略转折点究竟会在什么时候出现呢？即使是在回顾往事的时候，这也不容易精确地找出。设想你是一名徒步旅行者，和许多朋友一起出去却迷路了。某些多虑之人总是第一个问领路人：“你能确保我们走的路没错吗？我们该不会迷路了吧？”领路人摆了摆手把他撵走，继续前进。一路上没有路标，也没有其他熟悉的标记，领路人越来越不安，终于在某个点停了下来，挠挠头皮懊恼地说："嗨，大伙儿，我想咱们确实是迷路了。"企业管理上与此相对应的点，就是战略转折点。

既然回顾往事的时候还不能说清何时出现了战略转折点，那么身处其中的时候又怎么能回答这个问题呢？经历转折点的人感觉到转折点的时间并不一致，就像队伍中的人感觉到迷路的时刻有先有后。

身处转折点中的人们展开了激烈的争论。有人说："我们的产品如果价廉物美一些，就不会有问题。"他说的可能有点道理。另一个人说："这是经济衰退时期，资本支出一反弹我们就会复苏。"他说的可能也有些道理。还有一个人刚从一个展览会上回来，百思不得其解地说："整个业界都疯了。现在的人都是怎么用电脑的！"他的话并未引起大家的注意。

这样，我们怎么才能知道哪些情况意味着转折点的出现呢？

通常情况下，认识这个问题需要几个阶段。

第一阶段，你有些不安，感觉到情形与以往有些不同。事态今非昔比，客户对你的态度发生了变化。原来硕果累累的开发组，再也拿不出像样的产品了。竞争对手们——包括那些原来你的手下败将和一些几乎闻所未闻的公司，正在窃取你的生意。展览会的内容都像是奇谈怪论。

第二阶段就是你对公司业务的看法和实际情况大相径庭。公司声明与实际操作存在偏差，暗示着一场你未曾经历过的异常的混乱正要爆发。

最后出现的是新立场、新看法和新举措，好像迷路的队伍重新找到了方向（这可能需要 1 年，也可能需要 10 年）。最终的结局是，一套新的公司声明诞生了，高层领导班子也改组了。

用徒步旅行来比拟经历战略转折点，还稍嫌不够。在我看来，新旧经营方式之间的危险转变，就好比一次死亡之谷的探险。你走了进去，心里很清楚有一些同行者走不到山谷的那一边，但是，高层领导人只指定了一个模糊的行进目标，并不考虑伤亡人数，中层领导人的职责也就是支持上面的决定。人们没有其他选择。

队伍中的人，对于正确方向意见不一。一段时间后，大家都明白这是一场巨额投注的游戏。每个人的观点都越来越强硬、严肃、斩钉截铁，几乎像宗教分派一样互不相容。在以往大家通力合作的地方，爆发了圣战。同事之间、老友之间互相争斗。高层领导人要做的每一件事——确定方向、制定策略、鼓励合作、激昂士气——都变得非常困难，几乎不可能实现。中层领导人要做的每一件事——执行政策、服务客户、培训雇员——也都难上加难。

既然转折点是不定型的，那么你怎样才能知道应该在什么时候采取正确的措施以变应变，来挽救公司和个人的前途呢？很遗憾，你不能。

但你不能等到知道答案后再行动：时间就是一切。如果你能在公司仍然健全、外部业务仍能保护你在内部试验新的经营方式的时候实行改革，你就能更好地保存公司的力量、雇员的利益和你的战略地位。但是，那就意味着你要在情报尚不完全、情况尚不清楚的时候就采取行动。即使是那些平常笃信科学管理方法的人，也不得不靠感觉和个人判断来行事。可悲的是，一旦卷入了战略转折点的急流，就只有感觉和个人判断能够作为你的指南了。

好消息是，虽然是你的判断将你送入了困境，但它也能救你出来。关键在于训练你的直觉，使你能够在众多信号中把异常信号挑拣出来。这些信号可能早就出现了，只是没有引起你的重视。战略转折点出现之时，就是觉醒和倾听之时。

ONLY THE PARANOID SURVIVE

How to Exploit the Crisis Points That Challenge Every Company

第三章　计算机产业的形态

不仅计算的基础改变了，竞争的基础也改变了。

在竞争的冲击力带来的所有变化中，最难应对的就是当其中的一股力量变得非常强大时，它改变了一个产业中商业运作的本质。历史上有无数的事例可以证明这一点，例如火车为交通带来了革命。当代的事例也很多，例如超级市场正在扫荡着零售店。无论发生在什么产业、什么地方、什么年代，这些变迁发展带来的教训和历史都是一样的。

下面我将详细讲述一个我曾亲历的事例来说明其完整的过程。当可以用简单易得的微处理器为基础制造计算机时，个人计算机便随之登上了舞台，它带来的成本效率是原先计算模式的10倍。在五年多的时间内，由于性能的改变，计算机的成本下降了90%，这样的降速、降幅真是前所未有。计算机领域发生的如此重大的变化对整个计算机产业产生了深远的影响。

战略转折点之前

计算机产业过去是纵向分布的。如图5所示，这意味着一家旧式计算机公司将拥有自己的半导体芯片供给，依照自己的设计，在自己的工厂用这些芯片制造自己的计算机，开发自己的操作系统软件（该软件对所有的计算机运用至关重要），在市场上出售自

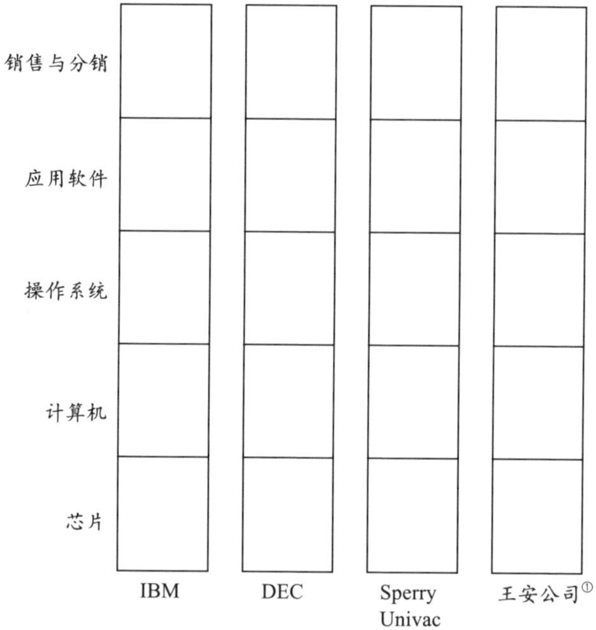

图5　1980年前后旧式纵向型计算机产业分布

---

① 王安电脑公司于2002年提出破产保护申请，2005年被荷兰著名的IT服务企业Getronics NV公司收购。本书部分资料以作者写作时或数据统计时实际情况为准，后文类似情况不再另行标注。——编者注

己的应用软件（该软件可处理诸如往来账目、预订机票，或百货商店存货管理一类的事务）。公司自身的这些芯片、计算机、操作系统和应用软件将作为配套设备由公司的销售人员售出。这就是我们所说的纵向分布。请注意“自己”这个词出现的频率，事实上我们也可以用“专利”（proprietary）这种说法，因为它在本质上就是旧式计算机工业的代名词。

在这个产业中一个公司是以一个纵向专利集团与其他计算机公司的纵向专利集团进行竞争。销售人员向客户展示自己的纵向集合物，而客户公司则必须在不同的专利系列产品中做出选择。

这样的组合既有优势也有劣势。优势在于，当一家公司开发了自己的芯片、硬件和软件，由自己的员工出售及进行售后服务，所有的一切协调合为一个无缝的整体；劣势在于，一旦客户购买了一个专利系列产品，便会深深地陷入其中。如果遇到了问题，你不能只抛弃掉这纵向系统的一部分，你不得不放弃整个系列产品，而这样做的代价实在太大。因此，纵向分布式计算机公司的客户在做出第一个选择前往往要经过深思熟虑。显而易见，围绕这第一笔交易的竞争是极其激烈的，因为只要赢得了这一回合便会带来长期的效益，这就是数十年来商业运作的方式。

随后，微处理器出现了，紧跟其后的是建立在它之上的个人计算机带来的 10 倍速力量。这 10 倍速力量的到来是因为如今技术可以把以前放在很多块芯片上的东西存放到一块芯片上，而且同一块微处理器可以用来制造各种各样的个人计算机。由于微处理器成为计算机产业的基本构件，大批量的生产便能带来效益，计算机制造的成本也非常划算，这样个人计算机无论对于家庭还是商业都成为极受欢迎的工具。

随着时间的流逝，这就改变了计算机产业的整体结构，一个新型的横向式产业体系出现了。在这种新的模式下，没有一家公司再拥有自己成套的装置了。顾客可以从横向式结构的芯片柜台上挑一块芯片，从计算机柜台上挑选一个某品牌的计算机，从操作系统柜台上挑选一种操作系统，从零售店或计算机超市的货架上随意选一个成品应用软件；然后将所有这一切带回家中，再把它们组装在一起，期望它们能协同工作。这也许有些费力，可大家乐于克服这种困难，并且更加努力，因为现在可以只花 2 000 美元就买回一个从前需花费 10 倍价格的计算机系统。这种诱人的前景使得顾客能克服现有的缺憾，以便充分利用这处理商务的新奇力量。渐渐地，整个计算机产业的结构发生了改变，如图 6 所示的新兴的横向产业体系出现了。

在图 6 中，横向各项代表技术及竞争领域。在芯片领域中，使用英特尔微处理器架构的微处理器供应商与提供其他类型架构的微处理器公司如摩托罗拉等进行竞争。在计算机领域，很多不同的计算机生产厂家，如康柏、IBM、帕卡德 · 贝尔、戴尔等，供给一种基本的计算机设计。由它们生产出的计算机本质上是相

图6　1995年前后新的横向式计算机产业分布

似的，只是在彼此竞争中，各计算机公司的工程师们对其原型有所改进。

同样，在操作系统中也有一些声誉甚佳的品牌。20世纪80年代最流行的微软公司的早期操作系统DOS，在90年代，该系统得到改良，变得更易于使用，Windows系统便出现了。它与IBM的OS/2、苹果公司的Mac和一些基于UNIX的操作系统进行竞争。

只要到附近的计算机商店转一转，人们就会注意到各式各样的应用软件充斥货架，彼此竞争去吸引顾客。它们有试算表、文字处理、数据库包和日历软件等，计算机产品的销售也日益综合化。零售店与商家竞争，而商家又与超市竞争，它们都出售数家公司制造的计算机及软件开发商的产品，就像很多杂货店销售不同品牌的牙膏一样。

由此可见，在整个20世纪80年代，计算的方式已经改变。旧式纵向的方式已进化至新式横向的方式。首先，个人使用的计算机发展为PC机，然后重要的计算不断地开始按此方法进行。一段时间以后，整个产业结构转变为横向结构，如图7所示。

现在回顾起来，我也无法说清在计算机产业中战略转折点始于何处。是在20世纪80年代早期当PC机开始出现时吗？还是在80年代后半期基于PC技术的网络开始大幅发展时？很难说清楚。可是有些事实还是很清楚的：进入80年代后，原先的计算机公司仍然很强大，它们充满活力并继续向前发展。IBM公司曾预计它将在80年代末期成为一家营业额达上千亿美元的大企业，但正是在80年代末期，实际上很多大型的旧式纵向型计算机公司正处于关闭和重组之中，而一批新面孔已登上了舞台。计算机产业内这种更新换代一直让我想起人的“变脸”（Morphing）。不知不觉中一张脸消失了，与此同时，一副新面孔显现了，你无法准确地说出第一张脸消逝和第二张脸新生的那转瞬一刻。你所知道的只是在那过程的开始你见到的是一副模样，而到结束时又是另一副模

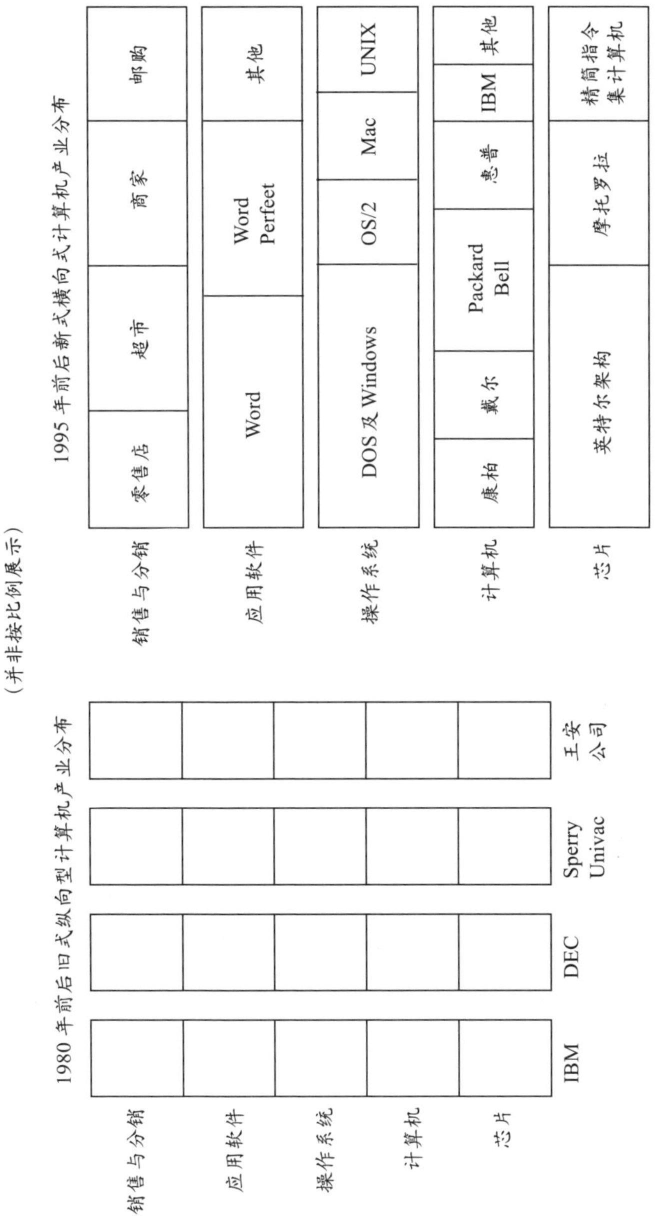
（并非按比例展示）
1980 年前后旧式纵向型计算机产业分布
销售与分销
应用软件
操作系统
计算机
芯片
IBM
DEC
Sperry Univac
王安公司
1995 年前后新式横向式计算机产业分布
销售与分销
零售店
超市
商家
邮购
应用软件
Word
Word Perfeet
其他
操作系统
DOS 及 Windows
OS/2
Mac
UNIX
计算机
康柏
戴尔
Packard Bell
惠普
IBM
其他
芯片
英特尔架构
摩托罗拉
精简指令集计算机

图 7　计算机产业的转型

样，可你就是说不出面庞在某一确切的时刻是此而非彼。情况就是这样，即使你在回顾时也是如此。

这种转型越深入，昔日旧式纵向体系中成就辉煌的计算机公司的日子就越艰难；但与此同时，新秩序为一批新企业的茁壮成长提供了机遇。于是，康柏公司成为《财富》杂志500家幸运公司中发展最快的一个，年收入高达10亿美元。这些公司把握住了新兴工业中的发展动力，它们顺应了新的经营模式，因而得以发展，其他公司如戴尔和网威（Novell）也是这样。后文将有关于它们的详述。

战略转折点之后

不仅计算的基础改变了，竞争的基础也改变了。在同一水平领域内的竞争者们为争取最大的份额而在技术和市场上奋力地争斗着。这种新的计算方式的力量源泉在于大规模的生产和销售，胜利者无疑日益强大，而失败者逐渐地衰弱下去。

1981年以后，当IBM公司选择英特尔作为自己的PC机内置微处理器时，英特尔已成为微处理器制造产业中最受欢迎的一员了。从此，计算机产业的成员们，即计算机制造厂家和操作系统供给者们，发现将自己的产业建立在英特尔架构的微芯片上更容易获得经济效益。为什么是这样呢？因为每年英特尔生产的产品更多。如果你将自己的产业建立在这一行的领军者之上，你自己的业务也必将发展壮大。

应用程序的开发者们也受到市场占有率因素的驱使，他们面临的选择是：要么将自己的产品建立在微软公司市场占有率更高的Windows系统上，要么建立在市场竞争份额较小的操作系统上。逐渐地，他们决定将前者列为自己的基础，而这也一步步地增强了英特尔的微处理器和微软的操作系统的力量。

计算机产业从旧的模式向新的模式的转型并不是一蹴而就的。它花费了多年的时间，由许多小步骤聚积而来——大型机在新的应用上败阵于PC机，程序员转移了注意力，旧软件公司萎缩，新软件公司勃兴。就这样一点一滴的，无数的事例终于汇成了计算机产业的转型。

让我们以一家大型机公司为例来看一看从纵向产业结构向横向结构转型的情况。具体来说，就从IBM的角度来看吧。在旧式产业体系中IBM是最强盛的，那么这一场变化给IBM带来了什么呢？

首先，IBM的发展速度减缓，因为很多的计算机由主机转移至立足于微处理器的个人计算机去了，可这并不是全部。IBM是由这样一群人组成的：他们在纵向计算机产业体系中一次又一次地获胜，数十年来一直是竞争的赢家，IBM的管理者就是在这样的世界里成长起来的。他们因为在这个框架中开发产品和在市场竞争中获胜，凭取得的业绩得到提拔，长期的成功实践进一步增强了他们对纵向产业体系的信念。因此，当计算机产业发生改变时，他们试图继续用传统的思维去对待产品开发和市场竞争，因为在过去那些经验是非常成功的。

有些非常简单的事例，如OS/2的命名，足以显示IBM缺乏把握横向产业体系的能力。OS/2的思想，是作为一种新型的个人计算机操作系统而问世的，是1987年与IBM的一种新型个人计算机生产线——PS/2（第二代个人系统）——同时出现的。尽管不一定是这么一回事，人们总以为OS/2只能运行于PS/2之上，但仅此一点足可妨碍OS/2的发展，因为绝大多数的个人计算机并不是由IBM自己制造的，而是由IBM的竞争者们生产的。

事实上这个事例的意义远不止于此。IBM用了很长的时间对OS/2进行了必要的修改以适应其他计算机厂家生产的计算机，用了更长的时间将自己的操作系统推销给其他计算机制造商，即自己的竞争对手们，这样才可以使已习惯于用DOS和Windows系统的这些厂商们将OS/2应用于他们的计算机上。

我碰巧亲眼目睹了一个IBM的经理，是如何想方设法劝说另一大型个人计算机生产厂家在他们的PC生产线采用OS/2的，他的业务领域同时涉及个人计算机的PS/2生产线和OS/2操作系统。这是我所见到的最奇特的业务谈判。双方首先把自己视为PC机产品的竞争者，尽管这位IBM代表的主要任务是推广OS/2，但他在情感方面却非常不情愿同自己的对手洽谈。与此同时，另一家计算机厂家的代表也不情愿在操作系统这样重要的技术上依靠PC机行业的竞争对手IBM。会谈的气氛是尴尬而紧张的，而结果也从未落实，OS/2 至今也未能赢得广泛的市场。

很明显，旧有的世界已不复存在。情况已发生变化，在早期的计算机产业中越成功的那些厂家面临的改变难度也就越大。

赢家与输家

当一种产业经历战略转折点的剧变时，固守传统模式的人也许会遇到麻烦。但从另一方面来说，新开创的一番天地又给人们——有些原本不属于我们讨论的产业中的人们，提供了参与并成为新的成员的机会。

在前面的例子中我曾提到过康柏公司。作为一个计算机公司它成为新的横向产业体系的一员，为此得到了飞速发展。尽管原先他们的产品紧随IBM，生产IBM便携式个人计算机，但当 1985 年一种新型微处理器的诞生为占据市场领先份额创造了条件时，他们抓住机会，超越了IBM。成功的第一步推动康柏不断发展，所占PC机生产份额越来越大，最后甚至超过了IBM，成为世界上最大的与IBM机器兼容的PC机生产商。

也有其他一些人，他们刚刚出道就进入这个新秩序，没有受到旧概念、旧规则的束缚。20 世纪 80 年代早期，迈克尔 · 戴尔

（戴尔公司的总裁）开始在他得克萨斯大学的宿舍里用零部件给朋友们组装计算机，他基本上了解横向PC机产业顾客们渴盼低成本标准计算机系统的欲望。后来，戴尔在此基础上创建了一家公司，他认为除了他的大学同学之外，其他人也会对满足他们特殊需要的计算机售卖服务感兴趣。这种供货渠道是直销，即客户打来电话，计算机商品用邮包寄去。当时没有一家旧式计算机公司愿意考虑尝试通过邮购方式售卖计算机，因为这太不正常了。正如狗不会飞一样，人们也不会购买邮售的计算机，至少在过去，没有人尝试过。

如今，位于得克萨斯州奥斯汀的戴尔计算机公司每年营业额可达50亿美元，它仍忠实于自己的初衷——按照顾客的具体要求组装计算机邮售给顾客。这一切只可能发生在低成本、大批量生产和大批量消费的计算机世界中。

在新的横向计算机产业前十强中，几乎没有一个是从旧式纵向型计算机产业体制发展而来的。这便是一个很好的证明，说明过去成功的企业很难彻底改变自己去适应新的产业结构。

也有一些旧体制下的企业努力革新摒弃旧的模式，适应新的产业结构。20世纪80年代早期，安迅公司（NCR）在大幅改革之前，是纵向计算机体系的一家大公司，该公司是最早的一批认识到变革的巨大力量的公司之一。它经过数年的努力，在被美国电话电报公司（AT&T）收购前，就把所有的计算机生产线转至普通的微处理器上。他们放弃了自己独特的芯片生产和硬件设计，在软件上做出重大调整，结果是原先只能在他们特有的产品结构上运行的软件现在可以运用于各式微处理器了。

优利公司（Unisys）是由两家独立的计算机公司史派利（Sperry）和宝来（Burroughs）合并而来的纵向计算机公司。这家资产达数百亿美元的公司原属旧式计算机产业体系，当战略转折点给纵向体系造成严重破坏时，他们的日子也很难过。优利公司尽管曾辉煌地设计了一流的计算机，但他们却适时做出了调整，将战略重心转向软件开发和围绕新的横向计算机产业产品的服务上。事实上，他们逐渐得出结论，即自己无力抵抗整个业界的变化，因此他们自我调整去适应新的变化。

有时这些变化更富有戏剧性。20 世纪 80 年代早期，Novell 公司不过是一家小型公司，追随着旧式计算机产业的潮流，他们制造硬件，开发网络软件并运行于自己的硬件之上。他们也遇到麻烦，Novell 公司当时的负责人雷 · 诺达（Ray Noorda）事后常说他们并不缺乏应对策略，只是拿不出足够的资金支付给自己的供应商。因此他们放弃了自己的硬件业务而集中力量开发软件，在软件方面他们是不必为供应商的账单而犯愁的，接着他们将自己的软件转向廉价的标准 PC 机。由于迅速地采用了新的经营之道，Novell 公司成为新的横向产业体系中网络行业的“先行者”，并于 80 年代末成长为资产达数十亿美元的软件公司。

Novell公司的经历颇有教益。作为硬件制造厂家，Novell缺乏生产规模，很难在竞争中取胜。作为第一家普及运行于PC机上的网络软件的公司，他们占领了正在发展中的网络市场的巨大份额，并进行大规模的生产，他们从输家转变为赢家。

事实上，我们从中还可得出其他两方面的教益。首先，当战略转折点席卷某一产业时，原有产业结构中的成员越是成功，其身受变革带来的威胁则越大，而其本身则越不愿自我改变以适应变化；其次，新进入一个拥有强大竞争对手的既定产业并向对手挑战所付出的代价可能极大，而当该产业结构即将崩溃，所需的代价便会极小，这样就为康柏、戴尔和Novell这样的公司提供了机遇。它们几乎都是从白手起家发展为产业巨人。这些公司共同的特点就是它们都本能地遵循了横向产业体系的成功规则。

横向产业体系的新规则

横向产业体系公司的生死存亡依赖于规模生产和批量投放市场。它们拥有自己的规则，在激烈竞争的横向计算机产业中成绩斐然的公司都熟知这些不言而喻的规则。遵循了规则，公司就有了竞争和成功的机会；摒弃了规则，不论自己的产品质量如何优异，不论计划完成得多么圆满，公司都会举步维艰。

那么这些规则是什么？总共有三条：

第一，不要盲目地标新立异。不要仅仅为了战胜竞争对手便进行改进，还需考虑同时可为客户带来实质性的好处。个人计算机产业史上的失败历历在目，就是因为制造厂商们表面上为生产“更好的PC机”的欲望所动，实质上偏离了行业主流标准。但是PC机的好坏与兼容性又密不可分，因此品质不同的“更好的PC机”就成了技术上的逆喻。

第二，在这个超级竞争的横向世界中，当出现了技术革新或有了其他根本性的变化之时，机遇就敲响你的大门了。抓住这个机遇，最先做出反应的公司，而且是只有最先做出反应的公司，在其他人还在犹豫不决时就率先行动，才算真正拥有机遇，抓住了时间，战胜了竞争对手。在这种产业中，时间上的优势是赢得市场份额最保险的方法。与此相反，若是逆新技术潮流而行，不管他们的愿望多么美好，付出的努力多么巨大，都将面临失败，因为他们浪费了宝贵的时间。

第三，依照市场所能承受的限度去定价，依照产品数量去定价，然后拼命地设法降低成本，以期从你的最少投入和你的适当定价上赢利，此举能帮你取得量产量销的规模效益或者说规模经济形态（economics of scale）。必要的大规模投资将会奏效并具深刻意义，因为作为大规模的投入者，你有能力扩展并从投入中赢利，分摊并收回成本。与之相反，以成本为基础的定价经常会将你引入利基市场，使你只能掌握特定利润，而这在当今规模生产型的产业中是不太能获利的。

我认为对于以横向式为基础的产业来说，这些规则算是具有普遍性的。同时我也认为在产业和贸易的很多部门中存在着指向横向结构的趋向。当一种产业中竞争愈加激烈时，各家公司被迫退至其最强的方面并开始专业化，这样无论最终它们占据何种阵地都可成为世界专业结构的领先者。

为什么会这样呢？

在我们所举的例子中，纵向计算机公司必须同时生产计算机平台、操作系统和软件，而横向计算机公司只需提供某一方面的产品，如计算机平台、操作系统或软件。横向产业因其突出的功能特性一般会比纵向产业更符合成本效益。简单地说，在多种领域中都成为一流要比仅在一个领域中领先艰难得多。

当产业模式由纵向型转向横向型时，每一个参与者都得经过战略转折点的锤炼。最终结果是，随着时间的流逝，越来越多的公司必须遵循这些规则。

ONLY THE PARANOID SURVIVE

How to Exploit the Crisis Points That Challenge Every Company

第四章 它们无处不在

战略转折点是很普通的现象，它们不局限于当代，不拘泥于高科技产业，也不只是发生在别人身上。

当小镇上新开了一家沃尔玛超市时，对于那里的每个零售商来说，环境都改变了，一个巨大的10倍速因素产生了。当声音技术在电影业中普及时，每一个无声电影演员都亲身经历了10倍速力量的技术革新。当集装箱装运改变了海洋运输业时，10倍速因素让世界上主要港口重排序列。

用10倍速因素的目光去阅读报纸，人们经常会发现潜在的战略转折点。如今正盛行于美国的银行合并是否与10倍速变化有关？迪士尼兼并美国广播公司（ABC）或时代华纳公司与特纳广播系统合并的建议与10倍速变化有关系吗？美国电话电报（AT&T）公司的自我解体又是怎么回事？

在随后的章节中，我将讨论当战略转折点形成时人们应对的方法和技巧，以及人们常见的反应和行动。在本章中我将概述从各个产业中撷取的战略转折点实例，从别人痛苦的经历中吸取教训。我们可以及时识别即将作用于我们的战略转折点，做到了这一点，我们就赢得了一半的胜利。

由于绝大多数的战略转折点都伴随着一个影响其产业的某个因素的10倍速变化，我将主要运用迈克尔·波特教授的竞争分析模式构架，来描述一些事例。它们的直接诱因是竞争力量的10倍速变化，技术上的10倍速变化，顾客作用的10倍速变化，供应者和互助企业作用的10倍速变化，以及规章的建立和清除带来的10倍速变化。10倍速因素到处可见，人们因此会问：每一个战略转折点都表现出10倍速变化吗？每一个10倍速变化都会导致战略转折点吗？我认为，从实际运用上来说，这两个问题的答案都是肯定的。

10倍速变化：竞争

世界上有竞争，还有超级竞争。当超级竞争来临时，当10倍速力量来临时，商界的面貌随之改变。有时超级竞争的本质非常明显，下面的沃尔玛超市的故事就是一例。但有时超级竞争是悄悄降临到你身上的，虽说它的经营方式与你平常所用的不一样，但它同样可以吸引你的客户。NeXT的故事是一个很好的例子。

沃尔玛：小镇中势不可当的力量

从小镇杂货店的立场来看，沃尔玛超市是个竞争对手，当然其他杂货店也是竞争对手。但沃尔玛超市的“准时化”物流系统更加高明，它的存货管理是建立在现代扫描器和卫星通信基础上的。汽车不断往返于超市和中心之间补充存货，它以大规模进货力图降低成本为基础，拥有系统化公司规模的培训规划以及精选店址系统，这样便可寻觅到竞争较为薄弱的地带。与杂货店原先面对的竞争比较而言，所有这一切聚积起来，形成了一个强有力的 10 倍速因素。对于小镇杂货店来说，一旦沃尔玛超市在镇上生根，情况将会发生巨大的变化。

竞争场上出现一个格外强大的对手就是召唤自己变革的一道命令，想继续沿袭原先的做法已经行不通了。

有什么办法可对付沃尔玛超市呢？走专业化发展道路是个很好的尝试。大量贮存，集中力量于市场的某一部分可以有效地抵消整体规模上的不足，就像“家用品商店”、“办公用品商店”、“玩具反斗城”和其他专卖店一样。也可以从事面向顾客的服务，例如目前“基本用品”商店正在实行全面的计算机管理顾客数据库服务，你也可以重新界定自己的业务范围。也可以提供不寻常的产品服务，比如提供一种环境服务也可赢得顾客的认同。例如一家独立的书店改头换面后变成咖啡屋加书店的形式，就更能与其他拥有沃尔玛式竞争优势的连锁书店一比高下。

NeXT：软件公司

当史蒂夫 · 乔布斯与他人共同创建苹果公司时，他所建立的是一个极为成功的、完全纵向的个人计算机公司。苹果公司生产自己的硬件，设计自己的操作系统软件，创建自己的图形用户界面（即采用以图形方式显示的计算机操作用户界面）。他们甚至试图开发自己的应用程序。

当乔布斯于1985年离开苹果公司时，除了他满怀的各种美好愿望外，他还要重新创造一个同样成功的故事，他希望将事情做得更好。正如他的新公司的名称所寓意的，他希望创造出“新”一代的超强硬件，比苹果公司的麦金托什界面功能更好的图形用户界面，比麦金托什能处理更高级任务的操作系统。他的软件将使用户依据自己特定需要把现有的软件板块重新组装，而无须从头开始即可制作专门的应用程序。

乔布斯希望把自己的硬件、基本软件和图形用户界面组合起来创造一个自成体系的、别具一格的计算机系统。这项事业花费了他好几年的时间，他的目标初见端倪，NeXT计算机和操作系统基本上体现了所有这些目标。

然而当乔布斯全神贯注于他那雄心勃勃、无比复杂的开发时，他忽视了一个重要方面，并使得他后来绝大多数的努力付诸东流。在他和他的员工们不分昼夜地开发那异常讲究的计算机时，一种大量生产的、可广泛应用的图形用户界面——微软Windows上市了。Windows并没有麦金托什先进，更不用说和NeXT界面相比较了，它与计算机及应用程序之间也不是完全吻合协调的。但它价格低廉、又很实用，最重要的是它可以运行于廉价而功能日益强大的个人计算机之上；而到了 20 世纪 80 年代后期，成百上千家 PC 机制造厂家可以生产个人计算机了。

当乔布斯在 NeXT 公司挑灯夜战时，外面的世界已经发生了变化。

乔布斯创建 NeXT 公司时，他心目中的竞争对手是麦金托什，在他的竞争雷达显示屏幕上，PC 机甚至显不出影像，毕竟，在当时 PC 机并没有易于使用的图形界面。

但是当三年后 NeXT 计算机系统出现时，微软公司在 Windows 方面的不懈努力即将改变 PC 机的环境。Windows 世界与麦金托什世界有一些共同的特点，即它能提供图形用户界面。但它保留了 PC 机世界的本质特点，那就是 Windows 可应用于无论何处生产的成百上千家的计算机上。成百上千家计算机制造厂家激烈竞争的结果是个人计算机的价格比苹果机低廉得多。

当史蒂夫 · 乔布斯和他的公司开始研制 NeXT 产品时，他们似乎走进了一个现代历史资料和文物的储放器，数年来他们努力地工作，与他们心目中的对手竞争着。可当最后时刻来临时，他们发现竞争对手完全不是想象中的那个，而是更为强大。尽管他们并没有意识到，但 NeXT 公司确实已处于战略转折的那一刻了。

NeXT 产品没能腾飞起来。事实上，尽管投资者不断地注入资金，NeXT 公司还是觉得不够。他们除了进行艺术般的软件开发外，还努力维持一项昂贵的计算机开发项目，此外，他们还要建造一家高度自动化的工厂以便生产大批量的NeXT计算机——大批量的，但可惜未能实现。到1991年，即NeXT公司成立6年后，它陷入了财政危机。

公司的一些管理者主张在硬件方面认输，把自己的力量投入PC机的规模生产上。在很长一段时间里，乔布斯拒不接受这个建议，他不喜欢PC机，在他眼中PC机粗陋不堪，而且因为许多人的缘故已很难取得一致的行为标准。简单地说，乔布斯认为PC机业界一团糟。真实的情况是乔布斯的观点是正确的，但当时乔布斯未能认识到的一点是，他所鄙视的PC机产业糟乱的局面正是来源于它的力量深处，它的威力也正在这里，很多计算机公司彼此竞争着为更多的客户提供更强的使用价值。

有些管理者感到很沮丧便辞职了，但他们的想法并未随他们而去。当NeXT公司的资金越来越少时，乔布斯终于面对现实，接受了粗陋、一团糟的PC机。他丢下了一直奋斗不止的宏大计划，终止了所有的硬件开发项目和全新的自动化工厂，并解雇了一半的员工。在向PC机工业的10倍速力量低头后，软件公司NeXT诞生了。

史蒂夫·乔布斯是个人计算机产业里有争议的天才奠基人。他20岁的时候便预见了10年后能创造千亿美元产值的全球化产业。但10年后，当他30岁时，乔布斯深陷于自己的过去而不能自拔。在他过去的历史中，他那句“酷毙了的计算机”（insanely great computers）已经赢得了市场。图形界面是功能强大的微分器，因为PC软件非常蠢笨。而当情况发生变化时，很多他下属的管理者有更清楚的认识，而乔布斯难以放弃让他成为充满激情与效率的先驱者的信念，只有在企业面临生死存亡的关头，他才放弃了长久坚持的信念。

10倍速变化：技术

技术一直在进步，打字机进化了、汽车进化了、计算机也进化了。绝大多数的进步是渐进的：竞争者引发下一步的改进，我们做出反应，他们对此再做出回应，如此循环往复。然而技术进步亦有突飞猛进的时刻，过去无法实现的事情现在可以达成了，而过去可以实现的事情现在则可以做得更好、更快、更经济。

我们可以审视一些事例，因为事情已经过去，所以现在看起来清晰多了。可就在我写这本书的时候，技术进步还在孕育中。再过几年，它们很可能带来同样或者更大的变化。数字娱乐会取代现在的电影吗？数字信息会代替报纸杂志吗？远程银行会使传统银行成为古迹吗？计算机互联网的拓展会给医疗界带来全新的变化吗？

当然，并不是所有可能的技术都会产生深远的影响。电动汽车没有，商业核能发电也没有。但有些技术已经成功了，有些在将来可望成功。

有声电影取代无声电影

当《爵士歌手》（*The Jazz Singer*）于1927年10月6日首映时，“情况发生变化了”。过去电影是无声的，从此它们变成有声的了。这一本质变化给无声电影业中许多演员和导演的生活带来了深远的影响。有些人顺应这些变化；有些人努力去适应但以失败告终；还有些人固守原来的状态，在发生了巨大变化的环境面前采取否定的态度，并为自己的行为寻找理由，质问怎么会有人喜欢有声电影。

一直到1931年，查理·卓别林（Charlie Chaplin）依然在与有声电影做斗争，当年他接受采访时声称：“依我看有声电影顶多能坚持6个月。”查理拥有大批观众的爱戴，他演技高超，这些使他能在整个30年代成功地出演无声电影；然而，即使是查理·卓别林，也无法永远与潮流对抗。卓别林最终在1940年上映的《大独裁者》（*The Great Dictator*）中开口说话了。

其他人则转变迅速。葛丽泰·嘉宝（Greta Garbo）是无声电影业中的超级影星，当有声电影问世时，她的工作室于1930年为她在《安娜·克里斯蒂》（*Anne Christie*）影片中安排了说话的角色，全国各地都在广告中欢呼“嘉宝说话了”。这部影片在商业上极为成功，亦受到评论界好评，嘉宝仍然是无声电影界中的红星，同时她也成功地实现了由无声电影到有声电影的过渡。如此轻松敏捷地跨越了战略转折点真让各家公司羡慕不已。

然而，电影业能同样辉煌地度过由数字技术引起的另一个战略转折点吗？那时演员将被形貌、声音等各方面逼真的数字技术产品所取代。皮克斯公司的电影《玩具总动员》（*Toy Story*）就是这方面的一个例子。它是新技术下第一部达到正片长度的影片。从现在算起 3 年后、5 年后或 10 年后，这种技术将发展到何处？依我看来，该技术将带来又一个战略转折点。发展的步伐是永远不会停止的。

船运业内的剧变

正如有声技术改变了电影业一样，科学技术也彻底地改变了世界船运业。短短 10 年的时间，其实就船运业历史而言也就是一瞬间，船运业的生产力却发生了 10 倍速变化。它的诱因是造船设计的标准化，冷冻运输船只的发明，还有最重要的集装箱运输的改进——此项技术使得便捷的货物装卸成为可能。这种变化的结果是原先持续不断的成本增长趋势得以逆转，港口装卸货物方式上的技术突破的时机终于来临了。

同电影业的情形一样，有些港口发生了变化，有些港口尝试了但以失败告终，还有很多港口坚决抵制这种变化的趋势。结果是，新技术引发了世界范围的装卸港口的重组。在本书写作的时候，其国土沿海处到处可见现代化港口设备的新加坡，已经跃升为东南亚地区的主要船运中心了。西雅图成了美国西海岸最主要的集装箱港口之一，而纽约港由于没有空地安装现代设备一直不断地亏本，尽管它曾是历史上的主要港口。未采纳新技术的港口极有可能经重新开发而成为购物中心、娱乐场所或海滨公寓住宅综合区。

每经过一个战略转折点，都会出现赢家和输家。一个港口的成败取决于它如何应对吞噬了它的10倍速技术变革力量。

PC机革命：一个否定现实的故事

科技发展史上有一个基本规则，即只要可能发生的事一定会变成事实。因此，当PC机给它的某一特定性能带来低10倍的成本时，它对整个计算机产业产生影响并改变其面貌就只是时间上的问题了。这种变化不是一两天可以结束的，它缓缓而来，就像图8所表示的价格/性能发展趋势（price/performance trends）一样。

计算机产业里有些人能推测出这种趋势的到来，并得出结论，即以微处理器为基础的PC机的价格/性能特性最终会取胜。有些公司，如安迅公司和惠普公司，就修改它们的战略以便充分利用微处理器的力量。另外一些公司持否定态度，就像卓别林对待有声电影一样。

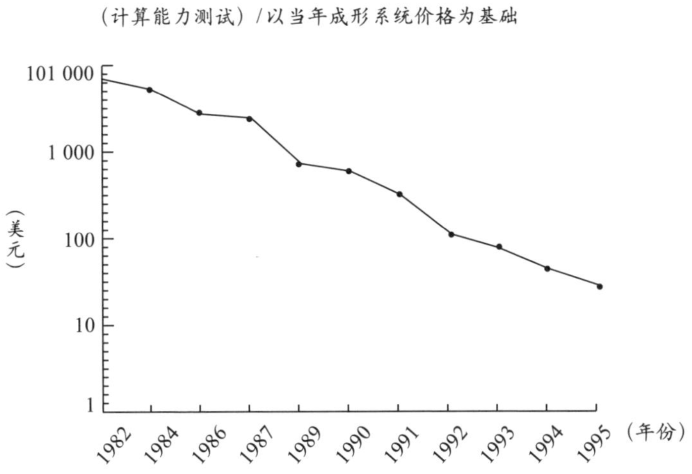

图 8　计算机经济：百万条指令/秒之成本

资料来源：英特尔公司

它们的否定表现为各种形式。1984 年最大的小型机制造商 DEC（数字设备公司）像卓别林一样称PC机为“廉价、短命、不十分精确的机器”。而事实上DEC公司在 20 世纪 60 年代闯入计算机领域时，市场占主流的是大型机，而它开发的是设计简单、价格低廉的小型机，正是在这种战略指导下它发展为大公司。然而当它的环境中出现新技术革新时，DEC公司——当年挑战大型机世界的革命者——与大型机时代的保守者们一起抵制这次革新。

还有一个坚持否定立场的事例。IBM公司的管理者们一直把 20 世纪 80 年代末、90 年代初所遭遇的麻烦归因于世界经济萧条，年复一年他们坚持着这种观点，而此时PC机正不断地改变着计算机世界的面貌。

为什么这些精明、有创造力的计算机公司管理者们那么难以面对技术变化带来的战略转折点的现实呢？是他们感觉迟钝没有聆听到变化的消息吗？是他们坚信曾给他们带来辉煌业绩的力量能战胜任何新技术变化的结果吗？还是因为面对计算机产业新面貌的直接后果——例如必要的大幅裁员——太痛苦而难以接受吗？我们很难知道真实的原因，但他们的反应都极为平常。我以为所有这些因素都在起作用，但最后一个原因，即拒绝面对痛苦的新现实，是最重要的。

和查理·卓别林最终转向新环境最为相似的或许是陈汉卿（Steve Chen），即极其成功的克雷（Cray）超级计算机的主要设计者。最近有报道说他创建了自己的公司，以高性能、工业标准化的微处理器芯片为基础。陈汉卿先前工作的公司试图创造世界上运行最快的超级计算机，它是旧有计算机体系理想的最后维护者之一。但当陈汉卿描述自己如何趋向他曾规避过的新技术时，他谨慎地说道："这次我换了一种方法。"

10倍速变化：用户

用户远离原先的购物习惯也许可以为战略转折点提供最微妙、最内在的诱因。说它们微妙内在是因为用户改变其购物习惯的时间漫长而又迟缓。在分析商务活动失败的历史时，哈佛商学院教授理查德·特德洛（Richard Tedlow）得出一个结论。他认为商务上的失败要么是公司背离了自己的用户，即它们随意地改变了过去行之有效的战略（显著的变化），要么是因为它们的用户抛弃了它们（微妙的变化）。①

认真地思考一下：目前美国整整一代的年轻人在他们成长的过程中，已将计算机视为习以为常之物。对他们来说，用鼠标点击屏幕就和他们父母摁电视机开关一样平常，他们使用计算机格外地舒畅，而计算机的死机对他们而言和冬日清晨他们父母无法发动汽车是一样的感受：他们不过耸耸肩，嘟哝几句而已，接着就重新启动机器。当他们上大学时，这些年轻人从校内联网的计算机上获得课外作业，在互联网上从事研究，用电子邮件安排周末活动。

将这些年轻人作为未来消费者的消费品公司，需要关注那些无处不在的变化，比如如何获取消息和制造消息，如何处理生意和过好生活。若不这样，他们的公司就会失去顾客的关注。这不正反映出日益逼近的人口定时炸弹吗？

---

① 理查德·特德洛教授 1993 年 10 月 7 日曾在英特尔总部发表演说，他指出：“一个优秀的公司之所以遭遇麻烦，有以下三个原因：要么公司脱离用户，要么用户脱离公司，或者两者同时发生。”

变化的汽车需求品位

所有这一切都不新奇。在整个20世纪20年代，汽车市场经历了细微缓慢变化。亨利·福特在论及T型车时有句口号："它带你到远处，又送你归来（It takes you there and brings you back）。"它已成了早期汽车魅力的缩影，即汽车是一种基本的交通工具。1921年，美国汽车销量中一半以上是福特车，但第一次世界大战后情况发生了变化，人们在生活中开始更加关注品位与休闲。通用汽车公司（GM）的阿尔弗雷德·斯隆（Alfred Sloan）预见到一个为"每个钱包和目的"（a car for every purse and purpose）而存在的市场。由于通用汽车公司引进了新的生产线并且每年都开发新的型号，20年代末通用汽车公司无论在利润和市场占有率上都已遥遥领先，可以预计它将在利润上领先福特公司60多年。通用汽车公司正是抓住了市场变化并顺应了这个变化。

观念在改变

有时用户群方面发生的变化代表了一种微妙的态度变化。然而这种变化是不可阻挡的，它可以拥有10倍速力量。现在回首1994年用户对奔腾处理器浮点缺陷的反应就可以清楚地看到这种变化。随着时光的流逝，英特尔用户群的重心已由计算机制造者转移至计算机用户。始于1991年的"Intel Inside"项目已在计算机用户的头脑中留下了印象。他们明白了即使自己没从我们这儿购买任何东西，他们事实上也是英特尔公司的用户。这就是一种观念变化，这个变化实际是由我们引发的，但由于我们置身于英特尔之内却未完全领悟。

奔腾处理器浮点事件是个孤立的事件，是发展道路中偶遇的一个坎坷，或用电子术语来说，是个“噪声”（noise）或者“信号”（signal），表明在我们销售和服务对象方面发生了根本性的变化？我认为是后者。计算机产业经过长足的发展，基本达到了根据自己愿望购买产品的人为用户的阶段。他们对计算机的要求和对其他家用电器一样。英特尔被迫开始调整自己以适应新的形势，计算机产业中的其他成员也是这样。我们大家面临的环境已经变了，好消息是我们大家都有一个更广阔的市场，坏消息是这个市场比我们寻常所见的要冷酷得多。

问题的关键是，对于消费品企业来说是“人口定时炸弹”的新生代，对我们而言却象征了计算机业务的好消息。无数的年轻人在成长过程中已熟知计算机，他们把我们的产品视为生活中必不可少的组成部分。但是（生活中总有那么多的但是），他们对产品的要求越来越高，对产品的缺陷越来越明了。计算机产业中的所有人都做好准备应对这种微妙的变化了吗？我看未必。

超级计算机的双重噩运

有时，六大竞争因素中不止一种发生重大变化。各因素综合产生的合力比单纯某一因素引起的战略转折点更具威力。超级计算机工业——计算机工业中是供最先进的计算机，便是极好的例子。超级计算机的用途可涵盖一切：从核能研究到天气变化，它的方法与旧式纵向型计算机产业相似。它的用户群主要依靠政府开支、国防项目和其他“大型研究”项目。

然而，当“冷战”结束时，两种因素几乎同时发生了变化：一方面是技术上转向以微处理器为基础；而另一方面则是政府开支日渐减少，削减国防费用的压力不断加大。其结果是一个产值高达10亿美元的行业突然陷入困境之中，而从前它是美国先进科技的象征和骄傲，是强大国防力量的体现。最突出的例子便是克雷计算机公司。它是由超级计算机时代的偶像西摩·克雷（Seymour Cray）创立的，由于缺少资金已无法维持公司运作了。它从另一个方面也揭示了一个真理，即前一个时代辉煌的巨星往往是最后一个适应变化的人。他是最后一个屈服于战略转折点这一原理的人，他比绝大多数人输得更为惨烈。

10倍速变化：供应商

在商业中，人们经常把供应商当成是习以为常的角色。他们的作用就是为我们提供服务，我们往往小看他们。我们常常以为我们总是可以找到更加合适的人替代他们。但有时，也许是由于技术上的变化，也许是由于工业结构上的变化，供应商可以变得很强大。是的，他们非常强大：事实上，他们可以影响到整个产业体系其他部分运作的方式。

航空公司在做准备

最近，旅游业中的供应商们已试图开展准备工作。最大的供应商应数航空公司。过去它们的惯例是，每售出一张机票，给予旅行社10%的佣金提成。尽管支付给旅游经纪人的佣金是航空公司的第三大开销（位于人事劳务费和燃料费之后），航空公司一直努力避免改变提成比例，因为它们85%的机票都通过旅行社售出，它们不想因此冒犯旅行社。然而，上涨的物价和行业缩减最终迫使航空公司降低支付给旅行社的佣金。

面对大幅的收入减少，各家旅行社还能一如既往吗？航空公司的决策出台数天后，美国两家最大的旅行社就公布了向顾客加价的决定。这种加价能持久吗？如果提成率保持降低的趋势，而顾客拒绝加价，那么旅行社该怎么办？有关机构预测40%的旅行社将就此倒闭。也许这个由供应商引发的独立事件会加速战略转折点的到来，并进而改变整个旅游业的面貌。

第二货源的终结

当我们采取措施中止第二货源（second sourcing）时，英特尔作为微处理器的强劲供应商，加快了计算机产业的结构转变。

第二货源曾是计算机产业中普遍的现象。它指的是供应商为了确保其产品拥有广阔的市场转而与其竞争对手合作，向他们提供自己掌握的技术信息。这样，其竞争对手也可以供应他们“自己”的产品了。

从理论上说，这种离谱的竞争行为对各方均有利：产品的开发者由于供应范围的扩大而拥有了更多的用户；第二货源供应者作为技术接纳人明显受益，同时他几乎不用给出任何回报。产品的最终用户因为供应商队伍的扩大也可受益，他们坐享供应商们为了争夺用户而进行激烈竞争所带来的繁荣。

然而，实践的结果并不像人们想象的那么好。当市场需要某类产品时，第二货源供应商们通常还没来得及开始生产，结果是原供应者和用户并没有从扩大的供应上受益。当该产品被全面生产，供应开始满足需求时，第二货源也在进行产品的制造。这样，多家公司就变成针对同一产品展开竞争。用户对此可能感到欣喜，但产品原供应者的利益受到了侵害，英特尔公司所遭遇的实际情况就是这样。

到了20世纪80年代中期，我们发现此项举措的负面影响大于它带来的效益，因此我们改变了决策。严峻的商业形势（下章中将详述）坚定了我们的信念，我们决定提供技术时要求有形补偿。

我们的竞争对手当然不愿支付费用，因为原先这些技术基本上是无偿获得的。因此，在向新一代微处理器过渡的过程中，我们不再向第二货源提供技术，我们成了向用户提供微处理器的唯一供应商。最终我们的竞争对手们也只好不再等待我们的施舍，自己开发类似的产品，但这花去了他们几年的时间。

这看似微小的变化对整个PC机产业带来的影响却是巨大的。核心的产品，即绝大多数个人计算机依赖的标准微处理器，只能从我们——它的开发者处得到。这又带来了两个结果：首先，我们对用户的影响力与日俱增，在他们眼中，这也许就是一股10倍速力量；其次，由于绝大多数的个人电脑都依赖于单一供应商的微处理器，它们也越来越相似。这又影响到软件开发者们，他们可以集中精力开发软件，以服务于众多计算机制造厂家生产出的相似计算机。计算机产业结构的重组，即将计算机制造成彼此相似的产品，极大地得益于它们共同依赖的常见微处理器。

10倍速变化：互补企业

当技术变化影响到你的业务互补企业，即你依赖其产品的那些公司时，它们同样也会对你的业务产生深远的影响。个人计算机工业和英特尔公司都依赖于个人计算机软件公司。如果重大技术革新影响到软件生产领域，通过相互依赖关系我们也会受到波及。

例如，有一种观点认为，为互联网设计的软件将变得越来越重要，最终将在个人计算机领域盛行起来。如果事实如此，它将间接地影响到我们的业务，在后文第九章中我将深入地讨论这个问题。

10倍速变化：营运规则

迄今为止，我们已讨论了当影响商业竞争的六大力量在10倍速因素作用下发生变化时可能随之发生的变化。那个图展示了自由市场，即未受任何外部机构和政府制约的市场的运作。但在真实的商业生活中，这些营运规则的建立和废除，同样可以带来我们前面讨论过的深刻的影响。

专利药品的消亡

美国药品行业的历史为我们提供了一个极好的例子，让我们看到营运规则的实施是如何改变了环境。20世纪初，由酒精和麻醉剂制造的专利药品可以自由售卖，根本没有任何标志告诫使用者提防其危险和易上瘾的特性。专利药品的泛滥最终导致政府对放入药瓶中的药品加以监管，并通过立法要求所有药品制造厂商标明所生产的灵丹妙药的成分。1906年，美国国会通过了《食品与药品法》。

一夜之间，药品行业发生了翻天覆地的变化。标明成分的要求暴露了专利药品的真相，它们包含了各种可怕的成分，如酒精、吗啡、大麻和可卡因等。这就迫使药品制造商们要么重新设计产品，要么把自己的药品从药架上取下来。随着关于食品与药品的一系列法案的通过，竞争场上换了新的面貌。现在制药公司若想留在制药业之内，就必须培养与先前完全不同的知识与技能。有些公司度过了这个战略转折点，而很多其他的公司则消亡了。

电信业的重构

营运规则方面的变化有助于改变其他大型行业的本质。美国的电信通信业即是一例。

1968 年以前，美国的电信通信业实际处于一种垄断状态。AT&T设计和生产自己的设备，包括从电话机到转换系统的方方面面，并提供当地短程通信和长途电话通信的所有连接手段。后来，到了 1968 年，联邦通信委员会做出规定：电话公司不可以强求地方用户必须使用其设备。

这项决定改变了电话机和转换系统的境况。它向外国制造厂商，包括日本各主要电信公司打开了市场。原先由发展缓慢的“贝尔妈妈”（Ma Bell）所垄断的业务突然间转到了竞争对手的手中，例如加拿大的北方电信公司（Northern Telecom）、日本的NEC和富士通公司以及像ROLM这样的从硅谷中崛起的新秀。过去，电话机作为AT&T公司向用户提供服务的一部分，现在却已成为在街头拐角的电器商店里就可以随便买到的产品了。它们绝大部分生产于亚洲劳动力成本低廉的地区；它们的形状、规格和功能各异，而且彼此间价格竞争激烈，人们熟悉的电话铃声也为各种不同的振铃声所取代。

但这一切只是更大变化的前奏。

20世纪70年代早期，作为AT&T公司竞争对手的MCI公司的一项反垄断诉讼的结果，美国政府做出裁决，要求中止贝尔体系，并将长途业务与当地短程业务分开。据说，在经过数年的联邦法庭辩论之后，当时AT&T公司的董事长查尔斯·布朗有天早上召集公司成员，告诉他们为了避免公司纠缠于凶吉未卜的诉讼案中，他决定自动将公司业务分开，因为联邦法庭的辩论可能还要持续好多年。到1984年，此项决定成为“最终裁决修正案”（Modified Final Judgment）的基础，它由联邦法官哈罗德·格林监督而成，规定了长途电话公司与7家地方电话公司业务合作的方式。电话业务垄断实际上一夜间便崩溃了。

我曾在那段不安定的时日里探访AT&T公司，向他们的转换系统分部销售英特尔微处理器。我现在还清晰地记得AT&T公司的经理们惊恐的神情。在他们职业生涯的大部分时间中，他们都做着同样的业务，他们对事情发展的方向茫然无知。而传统的部门对部门，经理对经理的财政、人际和社会规则彻底被打破。

这些事件对整个通信业的影响是同样巨大的。一个极富竞争性的长途电话产业产生了。在随后的10年中，AT&T公司40%的长途电话市场被一批竞争者所占领。有些公司，如MCI和史普林特就成为拥有数十亿美元资产的大型企业。一批被称为“贝尔宝宝”的经营地方电话系统业务的独立公司也产生了。它们中的每一个都拥有超过10亿美元的年收入。它们的任务就是把当地的个人用户和公司联系起来，并和颇具竞争性的长途电话网联结起来。“最终裁决修正案”使得它们成为当地业务的垄断者，并在那些它们可能参加或不参加的业务上接受一系列的限制。

如今，由于技术上的革新再次引发更深入的规则变革，“贝尔宝宝”公司们本身也面临着类似的巨大变化。移动电话技术的迅猛发展和覆盖面可达60%美国家庭的地下电缆网络，提供了连接个人用户的多样化方式。就在我写作本书的同时，美国国会正努力消除这些技术变化带来的影响。不管电信法案将如何被重写，不管卓别林们和克雷们如何抗击这些变化，它们都终将到来。在此转折点的另一边将会有一个更具竞争色彩的商业天地展现在电信业的面前。

当然，回首往事我们可以很清晰地看到90年前制药业的营运规则和10年前重塑电信业的事件，确实都代表了这些产业的战略转折点；但此时此刻，我们却很难断定目前我们经历的逆流，是否也是一个战略转折点。

私有化

世界上大部分地区的商业已卷入“规则变化之母”（mother of

all regulatory changes）——私有化或民营化的浪潮之中。从中国、前苏联乃至于英国，一直在国营垄断体制下经营的公司，如今在瞬息万变的决策下被置于竞争的环境之中，它们没有应付竞争的经验。过去它们没有必要从市场中招徕用户，因为不管怎么说，一个垄断性企业难道需要向顾客献殷勤吗？

例如，AT&T公司过去从来没有竞争方面的经历，他们从不需要为自己的产品和服务做广告以争取市场。因为只要有用户存在，那便是他们的客户。他们的管理成长于规则性环境中，其管理人员只需适应管理规章即可，全体员工已习惯了家长式统治的工作环境。

在“最终裁决修正案”颁布后的10年的自由天地中，AT&T公司丧失了40%的长途电话市场。然而，他们也从实践中学会了用户市场技巧。现在，AT&T公司在电视上做广告，去争取用户，每次用户与公司发生业务往来时都会收到公司的致谢函。公司甚至开发了一种颇具特色的声音，以表明自己的存在，那是一种热情而低沉的电脑合成的铃声。所有这些都表明了昔日视市场商业行为为异物的AT&T公司，现在已经拥有了居于世界领先水平的用户市场开发意识。

德国国有电信公司预定在1997年年底实行自由经营。为引领重新命名为德国电信（Deutsche Telekom）的公司渡过难关，公司监督委员会最近任命了一位日本索尼公司的45岁的用户市场部经理诺恩 · 萨默，担任下一届首席执行官。这项行动本身即表明，公司董事会已充分认识到未来将迥异于过去。

当昔日在计划经济体制下运作的公司突然被投入竞争的环境之中，变化将是巨大的。管理阶层必须善于在纷乱的世界产品竞争市场中突出自己的优势，而公司的每个员工实际上都必须和世界各地的同行业其他企业的员工们为生存而展开竞争，这就是最大的战略转折点。当此类根本性剧变席卷整个经济领域时，它会带来剧烈而突然的变动，它会影响到整个国家的法律制度、社会形势和人民的生活方式。前苏联的情形即是如此，中国和越南也是这样，只不过显得更为井然有序一些。

在本章中我试图向大家表明战略转折点是很普遍的现象，它们不局限于当代，不拘泥于高科技产业，也不只是发生在别人身上。具体的战略转折点各不相同，但都拥有类似的特点，表 1 可以让我们很快地回顾本章事例揭示的内容。当我审视它时，战略转折点的多样变化性和无处不在给我留下了深刻的印象。

表 1　战略转折点：变化及结果

事例（类型）	发生的变化	采取的行动	结果
沃尔玛超市（竞争）	进入小社区的超级市场	有些商店专业化，例如成为专卖店的终结者	家用品商店及玩具反斗城兴盛；很多商店倒闭
NeXT 公司（竞争）	配备 Windows 系统的 PC 机诞生	NeXT 成为软件公司	NeXT 作为小型但赢利的公司生存下来
有声电影（技术）	无声电影消亡	葛丽泰 · 嘉宝说话了	嘉宝成为明星，其他前明星陨落了

（续）

事例（类型）	发生的变化	采取的行动	结果
航运业（技术）	新技术提高生产力	新加坡、西雅图采用集装箱方式；旧金山、纽约则没有	新加坡、西雅图港兴盛；旧金山、纽约港衰落
PC机（技术）	PC机价格/性能更卓越	有些公司采纳微机作为构件，其他公司成为系统集成商	适应性强的公司兴盛；其他公司则面临困境
人口定时炸弹（客户）	孩子们与计算机的关系越来越紧密	面向孩子们的光盘、教育与娱乐软件增长	计算机变得无处不在
旅行社（供应商）	航空公司削减佣金	旅行社向用户加价	旅行社面临的经济形势更加严峻
电信（规则）	设备及长途电话业务上的竞争	AT&T公司调整自身，面向竞争的消费者市场	AT&T公司加上各个贝尔公司的总值为10年前的4倍
私有化（规则）	政府垄断与补贴的终结	德国电信任命诺恩·萨默为首席执行官	未来还面临痛苦的调整

我们应该记住，这个世界上既有赢家也有输家；我们还应该记住，从广义上说，一个公司的成败取决于其适应变化的能力。战略转折点为我们提供了机会也带来了威胁，正是在这样发生根本性变化的时刻，那句“要么适应，要么灭亡”的老生常谈显示出其深刻的意义。

ONLY THE PARANOID SURVIVE

How to Exploit the Crisis Points That Challenge Every Company

第五章 “为什么不自己动手？”

虽然战略转折点对所有身处其中的人都是一次惨痛的经历，但它却有助于我们打破僵局，飞跃到一个新高度。

企业管理，尤其是危机中的企业管理，是极其个人化的事情。

多年前，在我参加的一个管理培训班上，老师播放了“二战”影片《晴空血战史》（*Twelve o. Clock High*）中的一个片断。影片中，一个飞行中队藐视上级命令，已走到了自我毁灭的边缘。上级派了一名新的指挥官来重整这支队伍。在赴任的路上，指挥官停下了车，走出车门，点燃了一支烟，凝视着远方。他吸完最后一口烟，把烟头往地上一扔，用力一踩，回头对司机说：“好，中士，我们走吧。”老师反复地播放这一片段，它精彩地表现了人们如何下定决心接受这项艰巨而又前途未卜的任务——带领一个群体历尽千难万险。就在这一刻，领导者决定勇往直前，直达目标。

我常常想起这个片段，心中与那位军官颇有同感。当时看电影的时候，我未曾想到在数年之后我也会处于同他类似的境地。除了在危机中的个人经历之外，我还要讲述我是如何在全身心的震撼之中认识了战略转折点，又如何举步维艰地经历它。这需要看问题的客观态度，依据信念行动的意愿，以及鼓舞他人接受你的信念和热忱，这的确不是一件容易的事。

接下来我要讲一讲英特尔公司是如何停掉创建初期的业务，投入到另一完全不同的业务领域的——这一切都发生在巨大的危机之中。在走过战略转折点的过程中，我受益匪浅。本书的后半部分将是对这些往事的追述。这里有一些细节性的描述，请读者耐心地读下去。虽然这些故事发生在英特尔公司，但我相信它的经验教训具有普遍的意义。

先看一看英特尔公司的历史。英特尔公司创建于 1968 年。每一家新兴的企业都有自己的核心理念，我们的理念很简单：半导体技术的发展已使我们能够在一块芯片上安装更多的晶体管，我们认为这极具应用前途。晶体管数量的增多为用户带来了两项显著的收益：低成本和高性能。我们的想法可能过于简单，但大致说来，是这样的。安装大量晶体管的芯片和安装少量晶体管的芯片耗资相等，因此相比之下，安装晶体管的数量越多，单个晶体管的成本就越低。此外，排列密集的小型晶体管可以更快地传递电子信号，因此使用这种芯片的机器——计算器、盒式录像机或计算机——性能将更加优越。

我们考虑了面临晶体管数量的增加应该如何采取行动的问题，答案很明显，我们应该制造计算机存储器使用的芯片。换句话说，就是在芯片上安装更多的晶体管，增大计算机的存储容量。因此我们认为这种方法必将带来比其他方法更高的成本效益，世界将属于我们。

开始时我们的目标定得不高，最初的产品是64比特（bits）存储器，也就是说，它能存储64位数字。但在今天，经过了不懈的努力，它已可以存储6 400万位数字，的确今非昔比。

在英特尔公司创建时期，当时有一家大型计算机公司就已建议制造该装置——64比特存储器。同行业的6家公司开展了项目投标，我们奋力挤入他们的行列，成为第7家投标企业。我们夜以继日地设计芯片、开发生产线，仿佛这是件主宰我们生死存亡的大事。我们终于在众多厂家中率先研制成功第一台功能型64比特存储器，我们胜利了。对于一家新兴企业来说，这是一次伟大的胜利！

接着我们又努力开发另一种芯片：256比特存储器。这是一项更为艰巨的任务，但我们凭借日夜不懈的努力，终于在第一代产品问世不久后推出了第二代产品。

在1969年，这些产品算得上技术奇迹。所有计算机厂家和半导体厂家的每一位工程师，都购买了一台以满足他们的好奇心。然而这两种产品的生产设备，却无人问津。当时半导体存储器只不过是一台新奇有趣的设备而已，因此我们继续投资开发下一代芯片。

根据工业传统习惯，这一代芯片必须含有比以往数量更多的晶体管。我们的目标是把容量提高到原来的4倍，即1 024比特，这就要求我们投下巨额技术赌注。我们决心孤注一掷。由存储器工程师、技师和测试工程师等人组成的队伍兢兢业业地工作着，只是彼此间有些摩擦。沉重的压力使我们在工作中唇枪舌剑，争论不休。尽管如此，工作照常进行。这一次，我们大获全胜。

新装置轰动一时，我们只好转而应付顾客的大量需求。我们的公司在租借来的一座小楼里办公，我们的人员虽长于设计新品，却穷于应付生产技术问题。一些大型计算机公司的芯片订单雪片似的飞来，生产任务之庞大，令人难以置信。我竟然因此在夜里梦见一台用硅制包装绳和硅制口香糖拼凑而成的机器。1103是该装置的名字，直至今天，看到电子表上显示的这个数字，我和其他过来人仍会感到心头为之一振。

前两种新奇玩意儿无人问津，后一种则炙手可热，供不应求。在经历了这些风风雨雨之后，英特尔成长为一家真正的企业，存储器芯片的生产也成为一个新行业。回首往事时，我清清楚楚地看到，与技术困难及紧随其后的生产问题所做的斗争在英特尔人的心上留下了不可磨灭的印记。我们学会了更好地解决问题，我们更加注重明确可知的后果（用我们的话叫“输出”——output）。从以往的唇枪舌剑之中，我们学会了如何既做工作上的对手，又做生活中的朋友（我们称之为“建设性对抗”）。

作为发起人，我们当时拥有存储器芯片市场100%的份额。20世纪70年代早期，其他一些公司也涉足这个行业，获得了部分业务。它们是一些小的美国公司，规模和构成与我们相似。它们是友尼森（Unisem）公司、先进存储器系统公司（Advanced Memory Systems），还有莫斯特克（Mostek）公司。你可能不认识这些名称，因为它们早已不复存在了。

到了20世纪70年代末期，这个行业中大约出现了十几家公司，互相拿出最新的技术成果，展开激烈的竞争。它们相继成为新一代芯片的发明者，赢家并不总是我们公司。当今一位著名的金融分析家曾把存储器的行业竞争喻为拳击比赛：“第二轮英特尔赢、第三轮莫斯特克赢、第四轮德州仪器获胜，我们接着进行第五轮的比赛……”我们赢得了股市，虽然进入芯片行业只有10年历史，我们仍是主要的竞争者。英特尔仍然代表存储器，反过来，存储器也通常意味着英特尔。

在死亡的幽谷徘徊

20世纪80年代初，日本的存储器厂家登台了。在这之前的70年代末，我们曾在一个低谷时期收回投资、缩减产量，那时日本厂家第一次出现了，他们填补了产品的空缺。当时，他们帮了我们大忙，减轻了我们的压力。但是到了80年代初，他们开始变得势不可当。

情况开始发生变化，从日本回来的人讲述了可怕的故事。例如，他们说在日本的一家大公司时，开发存储器的人占满了整座大楼。楼里的每一层都在研制不同的存储器，所有的工作都在同时进行：在研究16K（1K代表1 024比特）的楼上，是研究64K的人，再往楼上走就是研究256K的人，甚至有传闻说有人正在秘密研制一种百万比特的存储器。在我们这个位于加利福尼亚州圣克拉拉的小公司看来，这一切都是那么可怕。

质量问题又向我们袭来。惠普公司的经理声称，日本生产的存储器长期在质量上明显优于美国生产的同类产品。事实上，日本公司的质量水平在我们当时看来是不可能达到的。我们先是狡辩，矢口否认存在这种事。我们对这些不详的情报加以猛烈批判，在这种处境中的人通常都会这样做。直到我们确信了这些情况大致属实之后，才开始着手改进我们产品的质量，但我们已经明显地落后了。

除此之外，日本公司还在资金上占有优势。他们拥有（或者听说他们拥有）滚滚的财源——政府拨款？母公司给的交叉补贴？还是通过金融市场的神秘活动获得无穷无尽的出口厂家低成本资金？我们不得而知，但事实毋庸置疑：20世纪80年代，日本公司建起了现代化大工厂，产量之大令我们望而生畏。

日本厂家正在成为存储器产业的弄潮儿，他们就要从我们手中夺走世界半导体市场。冰冻三尺，非一日之寒。如图9所示，这个变化经历了10年之久。

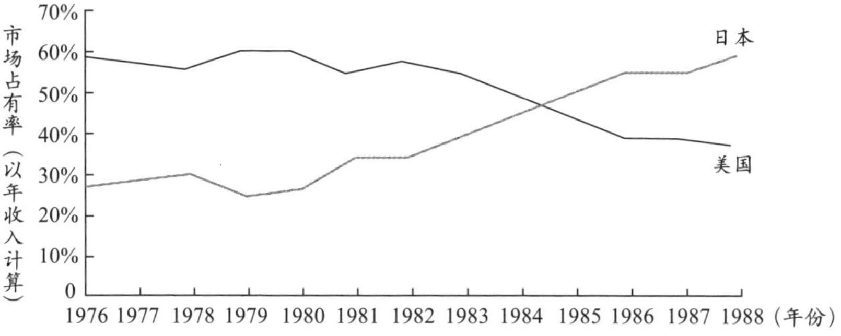

图 9　全球半导体市场占有率

资料来源：Dataquest, Shearson Lehman Brothers

我们奋力拼搏，改进质量，降低成本，但日本厂家也展开了反击。他们最重要的武器，就是使用户能够以惊人的低价购买到高质量的产品。有一次，我们拿到了一家日本大公司发送给它的销售人员的一张备忘录，上面写道：“用定价永远比别人低 10%的规则获胜……找出AMD（另一家美国公司）和英特尔的接口……以低于他们 10%的价格开价……如果他们重新开价，你们再降 10%……坚持到底才是胜利！”

这样的事真令人灰心丧气，但我们坚持抗争。我们做了许多尝试，想在市场上争得立足之地，试图发明一种叫作“增值设计”的特殊用途存储器，把更先进的技术投入存储器的生产。但我们无法与一降再降的日本产品的价格相抗衡，最多只能在市场上收回产品的贷款利息。当时在英特尔公司有句名言：“如果干得不错，我们的售价可以只是日本存储器的两倍，不过仍有希望卖出去。但是如果他们的售价一降再降，这样做有什么好处呢？”

最重要的是，我们一直在研发上耗费巨资。毕竟我们是一家以技术为基础的公司，认为一切问题都可以从技术上找到解决途径。我们的研发主要围绕三项不同的技术展开，其中耗资最多的就是存储芯片。但是与此同时，我们还有一支人员较少的队伍正在研究公司1970年左右的另一项发明：微处理器。微处理器是计算机的大脑，负责运算，而存储芯片只负责记录信息。生产微处理器和存储器芯片的硅片技术很相似，只不过两者在设计上不尽相同。微处理器的市场容量和发展速度都比不上存储器芯片，因此并未得到我们的足够重视。

存储器芯片的开发主要是在俄勒冈州的一座装备了新设施的基地进行，微处理器的开发者只好与这些偏僻之地的厂家共用生产设备。我们对于业务重点的选择基于我们本身的身份：毕竟，存储器是头号产品，存储器就是我们自己。

即使是在存储器销售困难重重的时候，我们的日子也还不算难过。1981年，最早的IBM的PC机采用了我们的领先产品，即未被我们足够重视的微处理器，并且需求量猛增，IBM始料未及。因此IBM转而请求我们帮助他们提高IBM的PC机的产量，其他生产PC机的厂家也上门求助。1983年和1984年年初，我们的市场销量居高不下。我们所有的产品都供不应求。人们纷纷向我们要求生产更多的部件，我们只好一再加大产量，以保证供应。我们努力地扩大生产能力，在一些地方修建厂房，并扩招雇员以增加产量。

然而，1984 年秋天，一切都变了。业务发展减缓了，好像再也没有人愿意购买芯片，我们的订单如春雪一般消失无踪。我们先是感到难以置信，接着只好缩减产量。但是，在那样一段长时间的扩产之后，我们缩减产量的速度已经跟不上市场的滑坡了。生意萧条的时候，仓库的货物还在不断积压。

在与高质量、低价位、大批量生产的日产部件竞争的过程中，我们一直在赔钱。然而由于整个市场形势不错，我们还能咬牙坚持，希望奇迹出现，把产品卖个好价钱，我们当时还有这个经济能力。但是，生意一滑坡，其他产品再也无法填补用于竞争的花费了，这时我们的经济损失开始恶化。我们急切地需要一种不同的存储器战略，来止住伤口的大出血。

我们不断地开会、争论，却没有达成任何协议。有人建议采用“力争”策略：“我们建立一个巨型工厂，专门生产存储器，把日本人打败。”还有些人认为，应该采取前卫技术，运用才智，在技术方面而不是生产方面“力争”，拿出点日本人拿不出来的东西。还有人仍然坚持生产特殊用途存储器。而事实上，在存储器成为全球统一的产品之后，生产特殊存储器的可能性已经微乎其微了。争论越是继续，我们的经济损失就越大。这是形势严峻、令人大失所望的一年。我们努力工作，却不知事态是否会好转。我们迷失了方向，在死亡的幽谷中徘徊。

我还记得1985年的一天，那时我们已经在漫无目的的徘徊中度过了一年。这一天，我正在办公室里，意志消沉地与英特尔公司的董事长兼首席执行官戈登·摩尔谈论我们的困境。我朝窗外望去，远处，大美利坚游乐园的“费里斯摩天轮”正在旋转。我回过头问戈登：“如果我们被踢出董事会，他们找个新的首席执行官，你认为他会采取什么行动？”戈登犹豫了一下，答道：“他会放弃存储器的生意。”我死死地盯着他说道：“你我为什么不走出这扇门，然后回来自己做这件事呢？”

放弃存储器！

此言既出，戈登鼓励我试试，于是我们开始了艰难的跋涉。说实话，我刚刚开始考虑放弃存储器业务的时候，还只能含糊其辞地和同事们商量这件事，我的确感到难以启齿。在我们所有人的心目中，英特尔就等于存储器。我们怎么可以放弃自己的身份？如果没有了存储器业务，我们还称得上是一家公司吗？这简直不可思议。和戈登商量是一回事，和其他人商量积极地实行，又是另外一回事。

我和同事商量此事时，态度犹豫不决。我的听众根本不愿听我说话，我感到言尽词穷，他们也是充耳不闻。我觉得越来越沮丧，但我越感到沮丧，脑子就越迟钝，说话就越发不加掩饰。这样一来，反而有一些话在无意中被直接、明确地说了出来，而这些话也引起更多人的反驳。这样，明里暗里反对我的人越来越多。

我们无休止地争论着。我记得在一次讨论会中，我请一位高层管理者把他对于我们现在处境的看法写下来，他闪烁其词，不愿落笔。我还以为能从他自己写的备忘录里找到某些套住他的东西，却因为他的逃避而没有找到。时间一个月一个月地过去了，我们还在玩这些莫名其妙的游戏。

有一次我来到一个偏远的英特尔基地，像往常一样和地方高层管理者共进晚餐，他们想听一听我对存储器业务的态度。那时我还没有做好充分的准备告诉他们我们要放弃存储器，因为我们仍然处于探索“放弃”含义的早期阶段，还在考虑放弃存储器后我们这群人能做些什么的问题。但是，我又不能够装出这事不可能发生的样子。我只好给了他们一个中立的、但更倾向于放弃的回答，他们立刻大做文章。其中一个人咄咄逼人地问道：“你是说你能想象没有存储器的英特尔公司？”我勉强咽下一口饭，说：“我想我能。”立时四座哗然。

我们的公司有两个如教条般坚定的信念，都把存储器看作是生产和销售的顶梁柱。第一条是：存储器是我们的“技术先驱”，意思是我们总是首先开发与革新存储器产品的技术，因为它检验起来比较方便。从存储器上淘汰下来的技术，才用在微处理器或其他产品上。第二条是“完整产品线”教条。它的意思是，销售人员有了完整产品线才能顺利工作。如果他们没有完整的产品线，那么客户就倾向于选择拥有完整产品线的同类企业。

这两条信念都根深蒂固，因此我们的人不可能豁达冷静地讨论放弃存储器的提议。我们将改用怎样的技术先驱呢？没有了完整的产品系列，我们的销售人员怎么开展工作呢？

在英特尔基地吃饭的那个晚上就是这样。晚上余下的时间都花在讨论这两个问题上面，那里的管理者和我越来越对对方感到失望。

这就是有关这个议题的一次典型讨论。其实，负责存储器的高层管理者在讨论了数月之后仍然不知如何是好。最终，他得到了另外一份工作，走人了。他的接替者一上任，我就直截了当地命令他：“放弃存储器！”这样，在几个月令人沮丧的讨论之后，我终于把我的意图表达得一清二楚。但是，这位新经理也只做到了一半。他虽然宣称我们不再研发既定的新产品，但他却说服了我同意让他们小组完成手里剩余的工作。也就是说，他竟然劝我让他继续研发那种我们两人都知道是卖不出去的产品。我想，我们即使是在理智上已经决定要怎么做，感情上仍然很难接受这个新方向。

我只好向自己解释说，这样大的变动，是需要分几小步来走的。然而，几个月后，我们发现这种“半路子”决策显然站不住脚。最后，我们终于下定决心：从领导层到整个企业，都彻底放弃存储器。

咬了咬牙，我们布置销售人员去通知客户。这是一件可怕的事：客户将做何反应？会不会因为我们让他们失望，就停止与我们的一切生意往来？实际上，他们的反应不过是打个大呵欠而已。客户知道我们已经不是市场上的大腕了，他们几乎已经猜到我们会退出市场，许多客户早已和别的供应商签好合同。

我们把这个决定通知客户时，就有一些人说道：“你们下这个决心，可花了不少时间啊。”可见，与我们公司没有情感牵扯的人，早就看到我们应该走哪条路了。

我认为如今各大公司频频更换首席执行官，也就可以理解了。每天似乎都有企业高层让出位置，而且常是在出现战略转折点的时候。大多数情况下总是由“空降兵”接任其职务。

“空降兵”未必比原来的领导精明能干。他们只有一点优势，但却至关重要：和那些一生为公司效力、对公司的点点滴滴都牵肠挂肚的人相比，这些新经理不存在情感上的难题，因而更能不偏不倚地做出决策。真乃当局者迷，旁观者清。

在企业经历剧变时，现有的管理者要想坐稳交椅，就必须从旁观者的角度来客观地看待形势。他们必须挣脱情感的羁绊，走过战略转折点。我和戈登象征性地走出房门、踩灭烟头，再回来着手这一工作，就是这个意思。

走过战略转折点

存储器业务的危机及其应对手段，使我懂得了战略转折点的含义，这绝大多数是个人的经验。在一种因素的重要性猛升到我们能力所不及的10倍时，我感到渺小、无助。在企业发生根本性的变化时，我被重重的迷惑所吞没。每当就连在亲密无间的同事面前都无法开口陈述实情时，我就感到心灰意冷。而在打破铁的常规、转入一个新方向时，我又欣喜若狂。虽然这是一次惨痛的经历，却使我成长为一名更好的管理者。

从中我学到了一些基本原则。

我懂得了战略转折点的“点”字是误用。它不是一个点，而是漫长的、艰辛的奋斗。

就拿这件事来说，20世纪80年代初，日本企业就已在存储器业务上占了上风。1984年年中，英特尔的业绩全面下滑。我和戈登的那次谈话发生在1985年年中，直到1986年年中，我们才开始退出存储器业务。后来，又经过了一年，才开始回收效益。我们总共花了3年时间，才走过了整个战略转折点。而今天，10年之后的今天，这一切似乎都已压缩到很短的时间。现在看来，那漫长艰难的3年，是一种浪费。我们花时间与不可避免的结局抗争，试遍了各种市场销售的灵丹妙药，想在市场上找到一个实际上不可能存在的立足之地。财政赤字不断上升，迫使我们只能毫不留情地抛弃过去，转入新方向。尽管对形势的正确认识仅是谈话中恍然大悟的一瞬间，谈话的成果却花费了数年时间去实现。

我还认识到，虽然战略转折点对所有身处其中的人都是一次惨痛的经历，但它却有助于我们打破僵局，飞跃到一个新高度。假如我们没有改变企业战略，则必然会被投入极其恶劣的经济困境，必然会失去在业界的重要地位。在剧烈的变动之后，事态有所好转。

结果如何呢？386 大获成功，成为当时首屈一指的微处理器。这应该归功于俄勒冈州的原存储器开发组的辛勤劳动。

我们不再是半导体存储器公司。在探求公司的新身份时，我们意识到微处理器是我们一切劳动的核心所在，于是自称为“微型计算机公司”。最初，这个说法先是在公开发言、文献资料和广告上出现。但是多年以来 386 名声鼎沸，我们的领导和雇员越来越与之难舍难分。最终，外界也开始认同我们的新身份了。

到了 1992 年，微处理器的巨大成功使我们成为世界上最大的半导体公司，甚至超过了当年曾在存储器业务上打败我们的日本公司。直到今天，世人仍然把英特尔等同于微处理器，以至于我们的非微处理器产品很难脱颖而出。

假如当时我们踌躇不决，就可能失去全部的机会。我们可能还在摇摆不定：究竟是一门心思地去争回日益减少的存储器份额呢，还是正视旧有业务的势微力薄，转而去闯一闯微处理器的大世界？我们一旦迟疑，就会鸡飞蛋打，两头扑空。

最后一个教训非常重要：在英特尔的业务形势发生变化，管理者四处寻找挽救存储器的灵丹妙药，唇枪舌剑地试图打赢一场必败之战时，是基层员工帮助我们实现了这个战略转变，是他们挽救了公司的生命和财产。

在那段时间里，我们为微处理器业务投入越来越多的生产资源。然而，这并不是高层管理者的战略方向所致，其功劳应归于中层管理者们的日常决策。生产策划人员、财务管理人员等员工，他们每日围坐于桌前商讨产品的分布问题。他们一点点地缩减正在赔本的存储器业务，而将我们的硅片生产设备移用到微处理器等获利产品上。中层管理者们的日常工作，调整了英特尔的战略姿态。我们决定退出存储器业务时，我们的 8 家硅片厂中，仍然从事存储器生产的已经只剩下 1 家，中层管理者们的工作减轻了退出存储器的决定对企业造成的猛烈震撼。

这不奇怪。战壕里的士兵总是更早地得知战局即将发生的变化。销售人员比管理人员更快看到顾客需求的变化，财务分析人员是看到企业根本转变的第一人。

生产策划人员和财务分析人员在客观的世界里，面对严格的资源系统和大量数字，而我们高层领导则被蒙蔽在过去的胜利之中，对外界变化一无所知。只有当遭遇周期性的经济危机、目睹毫不留情的财政赤字时，我们高层领导才能鼓足勇气、告别过去、开始未来。

我们的经历特殊吗？我不这样认为。英特尔是一家经营有方的大公司，富于合作精神，雇员素质很高，业绩一向良好。毕竟那时公司创建还不满 17 年，却已拥有好几个主要业务领域。我们干得不错，但战略转折点几乎葬送了我们，我们差点儿成了另一家友尼森公司、另一家莫斯特克公司和另一家先进存储器系统公司。

第六章　如何觉察它们？

大多数的战略转折点并不是“呼”的一下到来，而是如卡尔·桑德堡描写雾的那首名诗所形容的那样，“蹑着猫足而至”。

某一变化什么时候会真正成为战略转折点呢？在企业管理中无时无刻不在发生变化，有的微小、有的重大、有的转瞬即逝、有的则具有划时代的意义。我们需要处理所有的变化，但它们并非都代表着战略转折点。

如何才能知道某一系列变化代表着什么呢？换句话说，我们怎样从“噪声”中分辨出“信号”来呢？

X光技术是10倍速因素吗？

几年前，IBM的核心技术人员告诉在英特尔和其他公司工作的同行，日本半导体厂家正在投入巨资大规模生产半导体元件。用他们的精良设备制造出来的产品，其性能要比用普通的技术制造的更优越。这些设备上用以鉴定芯片属性的不是普通光，而是X光。IBM的人说，日本人正在建造的此类工厂已有十几家。他们认为日本人对X光技术的投资意味着半导体制造工业中的根本变化，这足以使美国厂家的地位一落千丈。假如他们说的不错，那么X光技术就将成为一个10倍速技术因素，将导致战略转折点的出现，打得我们永世不得翻身。

IBM认为这种技术发展乃是一大危险因素，于是决定大规模投资X光设备。我们的人对此态度很认真。IBM的技术人员精明强干，预感到这一威胁来者不善，而且很多人对此都持相同观点。尽管如此，英特尔的技术人员在研究之后却认为，X光技术问题百出，并不值得投入生产。更重要的是，他们认为根据我们现有技术的发展趋势来看，将来一定能够生产出性能更优越的产品。

从IBM和英特尔对X光技术威胁的反应上可以看出，前者视之为“信号”，而后者视之为“噪声”。我们决定不采用X光法。(10年之后再回头来看，我们是对的。到本书写作的时候为止，据我所知，无论是IBM还是日本厂家，都没有在生产上应用X光技术的近期打算。)

在这件事上，精明强干的人和性格严肃的人面对同一事件下了不同的结论。这一点儿也不奇怪，在信号和噪声之间并不存在百试百灵的区分法。正因为不存在这样的区分法，我们所做的每一步决定，都需要时时回头检验。10年前，我们认定X光技术不是一个10倍速因素，但是，我们还是得时时留心观察它，看它是增长、减少，还是原样不动。

不妨把你周围环境中的变化（不论它是否是技术性的）看作雷达屏幕上的一个光点。最初你并不知道它代表什么东西，但你一遍一遍地扫描，查看该物体是否正在接近你，并确定它前进的速度和形状。即使它只在你的边缘地带游荡，你还是不能放松警惕，因为它的路径和速度随时有可能改变。

X光技术也是如此。它在我们的雷达屏幕上出现已有多年了。今天，我们仍不认为有对其投资的必要。但1年之后、3年之后、5年之后、我们竭尽了高成本效益的其他技术之后，平衡有可能被打破，从前被视为噪声的因素就可能以信号的身份出现，我们必须留意它。这些因素并不是一成不变的。因此，对于可能成为你的企业中的10倍速因素的那些发展变化，一定要保持长久的警惕。

RISC和CISC的较量

X光技术事件仅是潜在的10倍速因素的一个简单例子。IBM的技术人员持一种意见，英特尔的同行们持另一种意见。我们是根据集体的判断行事的。

当分歧发生在公司内部而不是公司之间的时候，事态就复杂多了。这里有一个很好的例子，就是持续至今的RISC和CISC的大较量。RISC和CISC是两个计算机术语的缩写，它们分别代表精简指令集计算（Reduced Instruction Set Computing）和复杂指令集计算（Complex Instruction Set Computing）。在这里，我们只需要知道它们代表着两种不同的计算机设计方式（即微处理器）就行了，我们要讨论的是处理分歧的方式。

对它们各自优点的争议几乎使计算产业分化为两大阵营。CISC是旧方法，而RISC是新技术。要完成等量的任务，CISC芯片的设计比RISC的需要更多的晶体管。

英特尔的芯片是以CISC旧型为基础的。20世纪80年代后期，有些公司开始向RISC技术进军。当时，英特尔的微处理器386仍然在市场上出售，下一代的英特尔微处理器486正在开发之中。486在构造上与386一致，但它是一种性能更高的先进的微处理器；它使用与386一样的软件，但运算效果更好。这在英特尔是一项极其重要的决定，以方便顾客为旧的微处理器购置软件，也能与新的微处理器兼容。

我们中的一些人认为RISC意味着一种10倍速力量的改良，如果落在其他公司手里，就会威胁我们的核心业务。所以，为了两面下注以防万一，我们为开发以RISC技术为基础的高性能微处理器做了大量的工作。

但是，这个项目有一个重要缺陷。虽然RISC芯片运算更快，价钱更低，它却不能与市面上销售的绝大多数软件兼容。直至今日，兼容与否仍是决定产品畅销与否的一个主要因素。因此，生产不兼容芯片的主意并不十分吸引人。但是，在坚守兼容规则的同时，我们没有忽略雷达屏幕上的光点。那些倾向于RISC的工程师和技术经理开始设计与486并肩工作的辅助型芯片。他们当然希望技术发展的力量将他们的芯片推向主流。不论怎样，该项目继续进行，最后终于推出了一种新型的微处理器：i860。

现在，我们同时有了两种非常先进的芯片：一种是486，以CISC技术为基础，与所有PC软件兼容；另一种是i860，以RISC技术为基础，运算极快但与现有软件无一兼容。我们不知如何是好，因此决定把两者全部推出，让市场来做决定。

事情却没有那么简单。每一种微处理器架构都需要计算机相关产品的支持，包括软件、销售及技术上的支持。这要耗费无数资源。即便像英特尔这样的公司，也无法两头兼顾。我们现在却有着两支互相竞争的队伍，对内部资源的要求越来越高。众所周知，“芥菜子必要茁壮生长”，所有发展项目总是有星火燎原的可能。对资源和市场注意力（比如面对客户时应该重点介绍哪一种微处理器）的争夺导致了我们内部的激烈争论，微处理器部门几乎因此而被划为两派。与此同时，我们的举棋不定已使客户产生怀疑：英特尔究竟代表什么，486还是i860？我眼看争论升级，心里越发不安。这是关系到公司的核心——微处理器业务的大事。几年前，我们刚刚放弃了存储器业务，转向了微处理器，并围绕它改组了公司。这件事并不牵涉10年后可能出现的问题如X光技术问题，它只是需要一个刻不容缓的决定、一个举足轻重的决定。

一方面，如果RISC趋势意味着战略转折点而我们却按兵不动，那我们的微处理器霸主地位就不会长久。另一方面，386的出众表现似乎会延伸到486，甚至将来的新一代微处理器。我们该不该放弃一个至少目前还稳操胜券的产品，去参加与其他RISC架构的大战——一场我们并没有显著优势的大战呢？

我虽然是技术人员出身，却不是专门研究计算机科学的。因此，我对这里面的架构问题并不专业。我们公司有许许多多这方面的专业人员，而他们却分裂为两大对立阵营，每个阵营都百分之百地相信自己的芯片是最好的。

同时，我们的客户与其他企业的合作伙伴们也各有各的意见。一方面，康柏公司的CEO是我们的主要客户，他在技术上非常内行。他站在我一边，鼓励我们把所有精力都投入原有CISC微处理器生产线的改良中去。他认为这种架构在这10年之内还不会被淘汰。他不愿意我们分散资源，在无益于康柏公司的产品上花费时间和金钱。另一方面，为我们微处理器提供大量配用软件的微软公司的关键技术经理却鼓励我们朝“860 PC”的方向前进。欧洲一家客户的总经理对我说：“安迪，这就像搞时装，需要花样翻新。”

486正式推出时，客户群体的反应极为良好。我还记得在芝加哥召开的产品介绍会上，来自世界各地的计算机产业界的要员们纷纷表示愿意制造以486为基础的计算机。我当时想：“RISC

的有无权且不论，我们怎么能不全力支持486的发展势头呢？”这之后，RISC和CISC的较量结束了，我们重新把重点放在了486及其后继产品上。

6年之后，回顾这次较量，我摇了摇头，不相信我们竟然打算脱离传统技术的正轨，放弃直至今天还颇有拓展空间和发展势头的产品。现在，RISC技术并不像当时那样对CISC技术产生威胁；而当时，我们确实认真考虑过公司主要资源的转移事宜。

信号或噪声：孰是孰非

有时，标志着战略转折点出现的事件非常明显。我认为，要得出结论说后来造成AT&T公司解体的“最终裁决修正案”是一件重要的大事，并不需要花费九牛二虎之力。美国食品与药物管理局（FDA）的成立和药品真实标签（即必须标示药品成分）法案的通过，也明显地使专利药品的世界发生了永久性变化。毫无疑问，这些事件代表了该企业环境中的重要变化。

事情常常没有那么简单。大多数的战略转折点并不是“呼”的一下到来，而是如卡尔·桑德堡描写雾的那首名诗所形容的那样，“蹑着猫足而至”。常常只有在你回忆往事的时候，它们才显现出来。最后，如果你问自己，何时你才对面临战略转折点产生最初的一点朦胧意识，你就会想起一些好像是微不足道的琐碎小事来。正是它们，暗示着竞争力的改变。在从前的存储器风波中，去日本访问的英特尔人回来报告说：那些原来对我们毕恭毕敬的日本商人，如今似乎开始对我们睥睨而视之。他们从日本回来后就说："有些东西变了，和以前不同了。"这些观察和评论使我们更强烈地感到一次真正变化的迫近。

那么，如何才能知道某种变化是否标志着战略转折点呢？

要从噪声中分辨出信号，你需要尝试回答下列问题：

1. 你的主要竞争对手是否将要发生某种改变？首先，要判断谁是你的主要竞争对手。请回答一个我称为"良方"（Silver Bullet）测验的假想问题。你自问：如果你有一支枪，枪里只有一颗子弹，那么你会把这颗子弹用在哪一个竞争对手身上？直截了当地问这个问题。人们常常能够发自内心地予以回答，而且很少犹豫不定。当你感到不能再像从前那样一清二楚地给出答案，你手下的人也倾向于把这颗子弹留给那个从前受之有愧的竞争对手的时候，就是警钟敲响之时。竞争对手的重要性发生了变化，常常意味着大事来临。

2. 自问一下，你的主要互补企业是否就要发生某种改变？那些在前些年对你而言举足轻重的公司，现在是否已退居二线？其他公司是否遮盖了它们的光芒？如果是这样，就可能标志着产业动态的转移。

3. 你周围的人是否显得迷惑不知所从？那些从前非常精明强干的人，如今是否忽然显得主次不分？考虑一下这个问题。你和你的管理人员，都是借助企业中演变的力量登上机构的最高层的。你们的基因，适应的是原有的企业形态。但是，如果企业发生了根本变化，那么原来使你胜任的优势就会反过来妨碍你看清新的趋势。这种变化的一个标志就是你周围的人忽然丧失了看清形势的能力。反过来，可能犯迷糊的就是你自己。这并不总是因为岁月不饶人，而是由于你身边的事情发生了变化。

有益的卡桑德拉

你的机构里的卡桑德拉（Cassandra）们经常能够帮助你辨识战略转折点。你可能还记得，卡桑德拉是预言特洛伊城陷落的那个女祭司的名字。同样，有些人能够很快发现即将到来的变化，并为大家早早拉响警报。

卡桑德拉们工作在公司的各个部门，但是中层管理者居多。他们常常是销售部门的员工，与高层管理者相比，他们更早得知变化的到来，这是因为他们在“户外”活动的时间更长，更容易接触到实际生活中的风向。换句话说，他们不是那种依靠老办法把事情办好的人。

由于卡桑德拉们工作在公司的前沿阵地，他们对外界危险的敏感性比幽居高宅深院的高层领导要高很多。坏消息对他们个人有着立竿见影的影响。销售业绩不佳，推销员得到的回扣就少；技术不能用于市场，工程师的前途就变得渺茫。因此，他们比我们更严肃认真地看待警示。

前几天的一个晚上，我查看电子邮件信箱，发现一封我们的亚太地区销售经理写来的信。他告诉我一些在他管辖范围内发生的要事，认为这与某一潜在竞争因素有关。他讲的故事非常普通，我们早已知悉，但一谈起这个新因素来，他就显得极为关注，甚至口气上有些害怕："我不是大惊小怪。我知道常有这种事，但这一件事的确使我牵肠挂肚……"他并没有建议公司采取什么措施，只是请我留意该发展变化，认真对待此事。

我听到这个消息，第一个反应是不屑一顾。我在加州比他在"敌占区"感觉安全得多。我的这种看法对不对？他的看法对不对？当然，在"敌占区"工作并不能成为他判断正确的理由，我可以说我对总体形势的认识比他更清楚。但是，我已经懂得应当尊重他人写信的语气变化。我会比从前更加密切地注视这个新因素的发展变化。实际上，那时起我就决定对它的含义进行更加广泛的研究。

你不必去寻找这些卡桑德拉，如果你是管理者，他们就会来找你。他们会向你热情地"兜售"他们的担忧，就像推销员兜售他们认为非常不错的东西一样。不要与他们争论，即使很费时，也要尽你所能侧耳倾听，听听他们知道的事情，了解这些事情令他们担忧的原因。

把倾听他们诉说的时间看作是学习企业边远外围形势的一项投资。这“边远”可以指地理上的距离，也可以指技术上的差异。打个比方，春天来了，雪总是从外围开始融化，这是因为外围部分更多地暴露在外。对外围消息中的因素进行分析，最有助于区分信号与噪声。

这里有一点细微的区别。我说“看看企业外围发生的事情”，和我说“看看企业中发生的事情”，两者是不同的。在普通情况下，我与总经理、销售经理和生产经理交谈，得知企业中发生的事情。但是，他们报告事件的角度和我相差不远。而从那些与我远隔重洋的人或工作地位远低于我的人那里听取情报时，却可以根据他们的看法准确地了解业务问题。他们的看法的出发点和我们不同，这使我获得了从平时交谈中得不到的洞察力。

当然，也不能把所有的时间都花在倾听这些闲谈上；但是，你的确不能不听。在听的过程中，你会产生一种感觉，知道哪些消息是待琢璞玉，又有哪些人利用你的兼听之明，用噪声来包围你。慢慢地，时间长了，你就能够有选择地收听这些新闻了。

有的时候，卡桑德拉带来的并非灾难之潮，而是看待问题的新方法。在英特尔公司抉择RISC和CISC的较量达到高潮的时候，我茫然无措，这时总工程师要求见我。他坐下来，向我陈述了他的观点，并以我闻所未闻的客观态度冷静地陈述了另一派的看法。他的远见卓识弥补了我在这个领域上的技术空白，增强了我的自信心，使我更清楚地了解了眼下正在进行的争论。虽说这次交谈并未确定我的立场，但它却为我提供了一个更好地评价他人观点的参照标准。

再拿英特尔退出存储器业务的事来说吧。英特尔这家存储器公司，是怎样演变到 80 年代中期时 8 家工厂中只有 1 家生产存储器芯片的地步？这要归功于财务人员和生产计划人员的自行安排，是他们的决定缓和了公司退出存储器业务这个突变造成的巨大冲击。他们坐在桌边，月复一月地分配芯片生产任务，把硅片资源从看似浪费的存储器生产中，转移到更有希望的产品，如微处理器中去。这些人员没有决定公司退出存储器业务的职权，但他们却可以积跬步以至千里，慢慢地对产品分配实行微调。数月之后，他们的努力使得公司最终比较容易地从存储器业务中脱身出来。

管理大师彼得 · 德鲁克（Peter Drucker）曾引用过一个对企业家的定义，说企业家就是那些把资源从低收益项目的生产转到高收益项目生产中去的人。[①]一名激情洋溢、聪明智慧的中层管理

① 此引言见于德鲁克所著《开创与企业精神：实例与原则》（*Innovation and Entrepreneurship: Practice and Principles*）一书第 19 页。原文称：“法国经济学家赛伊（J. B. Say）早在 1800 年左右就指出，企业家把资源从低收益项目的生产转到高收益项目的生产中去。”

者正是这样处理他掌管的资源的。这些资源可以是生产计划人员对硅片的分配，也可以是他对自己的工作和精力所做的安排。他们这是有心栽花呢，还是无意插柳？初看时像是无意，但我认为实际上并非如此，而是明智的选择。

避开最初模型的陷阱

卡桑德拉们长于识别10倍速因素的最初信号，但是这些信号常常与其他一些似是而非的问题掺杂在一起。例如，互联网真的非常重要吗？我们将用电子仪器管理全部的银行业务吗？交互式电视机会不会改变我们的生活？数字媒体会不会改变娱乐行业？

首先你要意识到，很多制造概念的生产商在大张旗鼓地叫卖鼓吹，拼命地宣扬其产品的重要性。对这种人，怀疑他们是很自然的，因为他们值得怀疑。

然后，你在研究关于这些东西的第一手资料时，就会发现他们常常言过其实。早些时候，在互联网上挨个检索信息极为费时，好不容易找到了有关的信息，却是本老掉牙的市场手册。电子银行管理并非取代印章的巧妙方法，交互式电视似乎在宣传它的巨幅广告墨迹未干之时就销声匿迹了。

另一方面，也不能关掉雷达屏幕，只埋头经营自己的事务而对那种初看时就糟糕透顶的新事物完全不管不顾。在评价变化的意义时存在一种危险，就是我所说的原型陷阱。

1984年，苹果公司推出麦金托什机型的时候，我认为它不过是一件可笑的玩具而已。它的缺点比比皆是，例如没有硬盘（那时所有PC机都有硬盘），而且速度之慢令人难以忍受。因此麦型机的图形接口在我看来毫无意义。对麦型机的第一印象蒙蔽了我的眼睛，使我无法看到图形接口的一些更重要的特点，比如它们使以之为基础的所有应用程序合为一体，学会一种后就可一劳永逸。但是我却由于一叶障目而不见森林。

1991年，苹果公司开始讨论一种他们称为“个人数字助理”的便携式计算仪器（personal digital assistant，简写为PDA）。那时英特尔公司内外有许多人把它看作是一种10倍速因素，认为它有重构PC产业的威力。许多人说，PDA对PC的影响，可以与PC对主机的影响媲美。为了避免对这种可能性视而不见，我们投放大量资金和人力，开始大规模地参与PDA浪潮活动。1993年，“苹果的牛顿”出现了，但它的缺点很快遭到了批评。

这件事对于PDA现象有什么意义？是不是由于最初模型让人失望，就能表明它不是一个10倍速因素？许多东西的最初形式都是不令人满意的。第一台带有图形用户接口的商用计算机，麦型机的前身莉萨（Lisa）并未得到很好的承认。第一个Windows系统曾多年来被认为品质低劣，许多人说它只是“有着一张漂亮脸蛋儿的DOS系统”。然而，图形接口，尤其是Windows系统，现已成为塑造计算机产业的10倍速因素。

我的看法是，不能只凭最初模型的质量，来判断它是否具有战略转折点意义。你大概还记得对第一台PC机的反应吧？你当时很可能并不认为它会成为什么革命性的机器。互联网也是如此。现在，坐在与互联网相连的计算机前，盯着屏幕，等着网页的内容慢慢成形，想象一下吧，如果传送的速度提高到原来的2倍，会是怎样？提高到10倍呢？如果设计其内容的人不是业余人士，而是专业编辑，那么内容又会是怎样？你可以根据PC机迅速演变改进的历史，推导出这些现象的发展变化。

研究这些新机器时，你可能会得出这样的答案：即使它们的质量提高10倍，也不会引起顾客的兴趣。即使某一公司采用了它，良方测验的答案也不会改变，互补企业也不受影响。生活还是照常，只不过多了一件工具而已。

但是，如果你的直觉认为改进10倍之后，这件事物就足以引起人们的兴奋而成为新的威胁因素，你就很可能处在观察一个战略转折点开端的边缘了。因此，应该训练自己深入地思考问题，把最初模型的优劣与该产品或技术的长期潜能和长远意义区分开来。

辩论大战

确定某项特定的发展变化是否是战略转折点，最好的方法是广泛深入地展开辩论。辩论应当包括技术性讨论（例如RISC生来就比别的快10倍吗）、市场讨论（我们是在尝试流行款式呢，还是在做长久生意）以及对战略后果的考虑。（如果我们进行大的变动，会对微处理器业务造成怎样的影响？如果我们不进行大的变动，对它又会有什么影响？）

这些问题越是复杂，就应有越多管理层人员加入讨论。因为来自不同管理层的人们有着根本不同的观点和专长，他们的“基因组成”也不一样。

辩论还应该有公司外的人士参与，比如客户和合作伙伴。他们擅长的专业领域各不相同，利益上也有分歧。他们会把各自的专长和私人的利益带入我们的讨论（如康柏公司的总裁劝说我们发展CISC技术），但这无妨：只有当一个企业能够满足企业外的各种利益的时候，它才能获得成功。

这种辩论十分费时劳神，因而被人视为畏途。它需要勇气，一种明知山有虎、偏向虎山行的勇气。在辩论中你可能会暴露出知识上的缺陷，也可能会因为倾向于某种不受欢迎的意见而遭到同事们的反对。然而尽管如此，到了该确定战略转折点的时候就必须确定，除此之外别无捷径。

如果你是一名高层管理人员，不要认为花时间征求专家的意见和信念是懦夫的表现。人们不会为那些在复杂决定上独断专行的领导人树碑立传。你应当花时间去听取这些意见，直至你听到某些意见开始重复为止，直至你自己的心里产生了信念为止。

如果你是一名中层管理人员，也别做一名懦夫。不要对公司事务坐视不管，等到高层管理人员做了决定，再在喝啤酒的时候发表意见——“我的天，他们怎么这样愚钝？”从现在起你就应该参与。为了公司，为了自己，你都应该参与。不要借口不知道答案而躲避发表意见，在这种关头，没有人知道答案。拿出你最深思熟虑的意见，将其清楚有力地陈述出来。判断你是否真正参与的标准，就是别人是否听到了你的看法，并且听懂了。很明显，辩论中不可能保持所有的观点都居于主流，但是这些各种各样的意见都有助于得出正确的答案。

如果你不是管理人员，又该怎么办呢？如果你是推销员、计算机设计员或技术员，手下没有任何人，该怎么办？让别人做决定吗？正好相反，你拥有的第一手资料名正言顺地使你相当于一名知情晓事的管理者。你正是这些辩论中的未来参与者，你的经验深度弥补了对问题广度和立场的理解不足。

了解辩论的目的究竟是什么十分重要。不要以为辩论到最后大家会达成一致的意见，那太天真了。但是，通过表述各自的观点，参与辩论的人会渐渐完善他们的论点和论据，使之对问题的焦点更加清晰。逐渐地，每一派都会摆脱自己观点的模糊状态，更透彻地理解对方的看法，看清整个问题的面目。这种辩论的过程好比摄影师冲洗照片时加大反差的过程。最后得出的是更加清晰的影像，使管理人员下达的决定更加明智，正确率也更高。

战略转折点很少有显而易见的。对于同一件事，消息灵通的人与善心好意的人会给出完全不同的理解。因此，很有必要让所有相关人员都加入辩论的队伍中来。

对激烈辩论的畏惧情绪是可以理解的。带领企业走过战略转折点的过程中，有许多事情令人畏惧，高层管理人员也不例外。但是，如果按兵不动，后果会更糟糕，到那时，事态将比任何时候都恐怖。

与数据争论

现代管理规则建议我们在辩论或争论时都应持有数据。这个建议很好。常常，人们用意见来代替事实，用情感来代替分析。

然而，数据说明过去，而战略转折点表示未来。当数据表明日本存储器厂家开始占据主要地位时，我们已经处在求生的挣扎之中了。

你应该清楚何时使用数据，何时离开数据。这样做听起来有些变化无常的感觉，然而你的确要学会如何与数据争论。有的时候，经验告诉你，某一种因素目前还很微弱，在数据分析中显得无足轻重，但它却有着巨大的发展潜力，将来会改变你的企业经营规则。也就是说，在处理那些刚刚萌芽的影响趋势时，你很可能要走出数据的硬性分析，更多地依赖直觉和见闻来判断。

担忧

只有在人们摆脱因说话不当而受惩罚的后顾之忧、能够畅所欲言时，才有可能在一起有效地讨论难题，得出解决方案。

这方面的专家——著名品质管理大师W·爱德华·戴明博士曾呼吁消灭企业中的担忧情绪。[①]我觉得他想得过于简单，因而不敢苟同。作为一名管理者，最重要的职责就是营造一个理想的环境，使雇员们在其中孜孜以求市场繁荣。但除此以外，担忧最能激发热情，他们担心竞争、担心破产、担心被人误解、担心丢掉工作。这些担忧都是强大的推动力。

我们如何培养职员的忧患意识？只有以身作则，才能做到这一点。如果我们担心有一天有些东西会改变企业的游戏规则，那么我们的同事就会感觉到这种担忧，并和我们共同担忧。他们会提高警惕，时时注意雷达屏幕上的动静。当然，这样一来他们可能会因疑神疑鬼而错敲警钟，把一些无关紧要的变化当作战略转折点；但是，最好是重视这些信号，并常常加以分析，竭力排除

① 戴明博士是振兴整个日本企业品质管理的美国人。此处的引言见于他的名著《摆脱危机》（*Out of the Crisis*, Cambridge: Massachusetts Institute of Technology Center for Advanced Engineering Study, 1988）。

它们的干扰，以免漏掉大鱼，忽视了那些将来可能一举摧垮公司的变化。

正是担忧促使我每天查看电子邮箱，寻找问题：客户的不满，新产品发展趋势的下跌，骨干人员的不良情绪等等。正是担忧促使我每晚仔细阅读商业报纸上有关竞争对手最新动态的报告，并撕下一些兆头不祥的文章，等待次日的后续报道。正是担忧使我倾听卡桑德拉们的诉苦，否则我真想大喝一声："够了，天不会塌下来的！"然后回家去。

简而言之，担忧可以是自满的对立面。那些特别成功的人常常容易自满。公司一旦练就了对付环境的过硬本领，公司里的人就容易自满。但是，环境一发生改变，这种公司的反应是最慢的。一剂担忧药会使它们的生存本能敏锐起来。

正是由于这个原因，我觉得英特尔闯过 1985 年和 1986 年的难关十分幸运。至今，许多管理者对大势已去的感觉仍记忆犹新。他们很容易回味失败的恐惧，因而反败为胜的愿望非常强烈。我觉得对历史重演的害怕是导致我们获胜的一个重要因素。

如果你是中层管理者，就有额外的事要担心：担心自己会因带来坏消息而受到惩罚，担心上面的人对外围的坏消息掩耳不闻。这些担忧会妨碍你直陈己见，而没有其他东西比这一点更有害于公司的利益了。

如果你是高层管理者，记住卡桑德拉们的职责就是提请你注意战略转折点，所以，千万不可“斩杀使节”，并警告你的下层管理者对提请他注意的低层雇员也要刀下留情。

我极力强调这个问题的重要性。要消除人们对战略讨论会发言的后顾之忧，没有多年时间是不行的。麻烦一旦出现，就会像战火一般燃遍整个公司，使所有的人都三缄其口。

一旦恐惧的气氛包围了公司，外界的坏消息就无法传递进来，公司就会处于麻痹状态。有一位市场调查专家告诉我，在她的公司里，她所写的实情调查报告要经过层层过滤，才能提交到总裁那里。每过滤一次，坏消息就少一点。删掉坏消息的人常有句口头禅：“我想他们不爱听。”这家公司的高层领导从来听不到坏消息，公司业务也每况愈下。从旁观者的角度看，这是因为管理层对外面发生的事情一无所知。我坚信不疑地认为他们公司的坏消息处理传统乃是一大罪魁祸首。

前面已经说过，我的亚太销售经理和总技术员是如何和我谈论他们的看法并向我发出警告的。他们两人都是充满自信的长期雇员，对英特尔的传统非常适应。他们对进行“建设性对抗”很熟练，极为重视建议产生的结果。他们知道自己是怎样帮助集体做出更好的决定，并设计出更好的解决方案的。他们对公司办事的不成文规定了如指掌，能够克服踌躇不决的心态，敢于冒风险吐真言。其中一个前来告诉我在他看来的一个严重问题，这可能是正确的警告，但也可能显得很傻，然而他却能够打消顾虑，畅所欲言。另一个对我陈述他对RISC的看法时，就好像在说："嗨，格鲁夫，别摆架子了，我来教你些东西。"他知道，我不会因此而觉得难堪。

从一开始，英特尔公司就竭力推倒知情人士和管理人士之间的隔墙。知情人士包括精通本行的推销员以及浸泡在最新技术之中的计算机设计师和工程师。管理人士则负责分配资源、制定预算、调派雇员或撤销雇员。对于处理战略变化而言，这两种人没有孰优孰劣之分，他们都有责任帮助公司制定出色的战略。最好是两者都对对方的功绩表示尊重，却又不被对方的学识或地位吓倒。

描述这样一种环境很容易，但要创造和维持它却非常难。剧烈的变化或象征性的变动无益于此，它要求把公司的传统看作日常生活的一部分，不断促进知情人士和管理人士之间的交流，设计出对两者都有利的问题解决方案。对尽职尽责、敢于承担风险的人，要给予奖励。此外，要坚守公司管理过程中的是非准则。最后，还要清除那些不能遵守公司规矩的人员。在我看来，英特尔公司在维护传统方面取得的成功，是它在战略转折点中求得生存的重要原因。

第七章　让混乱统治一切

决心来自实验。只有一改旧辙，才能柳暗花明。

在管理层如何看待变化的问题上，有一点可以肯定，那就是身为管理者的我们痛恨变化，尤其是变化涉及我们自己的时候更是如此。走过战略转折点的过程中常包含迷惑、悬念和混乱，对于管理者来说是个人层面上的事，对于整个企业来说则是战略层面上的问题。这两个层面之间的密切联系出人意料。

敏感问题

一个公司如何走过战略转折点，首先取决于一个软性的、有些敏感的问题：管理层怎样从情感上看待危机。

这并不奇怪。商界人士不仅是管理者，也是常人。他们有感情，他们的感情和企业的兴衰息息相关。

一个高层管理者的地位，是他对本行、本产业和本公司尽心尽力的结果。多数情况下，个人与工作是不可分离的。因此，当企业陷入困境的时候，不论你在商学院或管理培训班学到过什么分析数据的妙招，个人情感上的反应仍然比客观的分析要强烈得多。

中层管理者常常也不例外。但是，战略转折点出现后，中层管理者的工作通常风云变幻。公司对战略转折点的处理成功与否，决定着你个人的前途。

企业经历战略转折点的时候，管理者的感受与个人遭受严重失落之后的各种体验很相似。这很正常，因为战略转折点的初期阶段就是充满失落的阶段——失去了公司在业界的领先地位，失去了公司的身份，失去了对公司命运的掌握，失去了职业的保证——最糟糕的是被迫隶属于胜者而产生失落感。但是，与个人悲痛情绪的发展阶段（否认、发怒、讨价还价、情绪压抑，最后承认、接受）所不同的是，战略转折点中的情感发展阶段是否认、逃避或转移话题，最后接受事实，采取永久性行动。

据我所知，在每个战略转折点的初期阶段，人们都会否认事实。在英特尔的存储器事件中，我曾想："假如我们早一点动手开发 16K 存储器芯片，日本人就不可能超过我们。"

逃避或转移话题指的是高层管理者采取的个人措施。当企业面临核心业务的重大变化时，他们似乎全身心地投入一些与此毫不相关的谋利或合并中去。他们之所以参与这些活动，我看是因为他们需要一些值得他们每日关注的事情、值得花费时间思考和改进的问题来填充他们的生活，否则，他们就要苦苦思索如何对付迫在眉睫的战略危机。

在这种时候，高层管理者们常常忙于火热的慈善筹资、外面的许多董事会或是宠物活动项目。他对他最珍贵的资源，即时间的分配，能否反映战略危机的存在？我看未必。看一看处于战略转折点中期的某大公司首席执行官的典型日程安排就明白了。

星期一

8：30—9：30　最新战略计划研究会

10：00—10：30　审查年度设计奖金颁发计划

11：00—12：30　管理与测量系统

13：00—13：15　审阅教育报告

13：30—14：00　最新质量评估

16：00—16：45　准备参加董事会议

17：25　前往东海岸某市

18：30—21：30　与董事们共进晚餐并开会在东海岸某市住一夜

星期二

8：00—9：00　早餐会议

9：30　前往第二个东海岸某市

11：00—11：45　商务协会培训会议

12：00—14：00　商务协会培训

14：00—20：30　商务协会委员会议在第二个东海岸某市住一夜

星期三

8：15—11：45　慈善会总管会议

12：15—13：30　前往位于东海岸的公司总部

14：00—17：00　行政人员会议

18：00　前往第三个东海岸某市在一座工厂密集的小镇住一夜

星期四

3：30—5：00　与夜班员工共度工厂庆典

5：30—9：15　第二座工厂庆典

9：30—10：30　第三座工厂庆典

11：00—11：50　第四座工厂庆典

12：00　前往公司总部

14：30—16：15　行政人员会议

星期五

8：15—8：30　委员会议事日程

8：30—9：00　第三季前景展望

9：00—12：00　行政人员会议

13：15—17：00　审阅公司情况报告——北美部分

他的所作所为并不特殊。说句实话，我回顾过去的时候，常常感到惊奇：在存储器事件发生之前的几年，风暴已明显地逼近我们，而我竟然还把大量的时间花在写书上。现在写这本书的时候，我也不知道风暴是否正在逼近。再过几年，可能就知道了。

回头说一说我最喜欢的例子——并购。如果我有一桩价值数10亿美元的并购生意，那么所有与此有关的事情都值得我花费心机。我必须拼命地、高效地工作，使这件事在重要性上远胜过那些日常的事务。我必须把所有的注意力都转移到这件事上来。每天早晨我照镜子的时候，就可以说："我可没时间去管那些无足轻重的鸡毛蒜皮之事。今天夜里我的投资顾问有非常重要的事与我相商。"这种情形下，对日常琐事的不管不顾是可以理解的，甚至是值得赞同的，这件并购的事把我从那些令我手足无措的事情中解脱出来。一些大型的日本用户电子公司对电影制片厂的接管，很大程度上也是由于高层管理者有必要从主要业务滑坡这种难以控制的僵局中逃脱出来。

逃避现实的不仅是那些不称职的高层管理者。优秀的企业领导也同样经历过这种思想斗争，但是他们最终能够接受事实，采取行动。差一点的领导做不到这一点，常常被革职，由一些或许并不比他们能干、但却免遭情感羁绊的外界人士来取代他们。

这是十分关键的一点。企业领导的更换，常常并不是为了寻求更加精明能干的领袖人物，而是因为有必要寻求一些和公司的过去没有情感牵扯的人来管理公司。

成功带来的惰性

高层管理者之所以晋升到今天的职位，是因为他们在过去业绩不凡。慢慢地，他们学会了顺应自己的个人优势来管理公司。

因此，他们总是凭借从前成功的经验，尤其是“夺冠时期”的显赫业绩来制定公司的战略战术。

我把这种现象叫作成功带来的惰性，它可谓危险之极，能够使我们对事实的否认更加严重。

当环境发生变化、过去的技术和优势不再重要的时候，我们几乎本能地坚持走老路。我们不愿承认周围发生了变化，就像孩子不喜欢他看到的东西，就闭上眼睛，从1数到100，以为讨厌的东西会自动消失一样。我们同样闭上眼睛，拼命干活，全心全意按老办法办事，希望数到100之后就万事大吉。这时候你常能听到这样一句话：“再给我们一点儿时间就好了。”

战略矛盾

当我们开始做出反应时，也许为时已晚，又立刻遇到另一情感障碍：有意识地、清清楚楚地承认当前事件的重要性。即使在行动上我们已经开始调整以适应新的环境，但语言上仍然很难把问题表达清楚。再看一看英特尔是如何退出存储器业务的。公司调整晶片分配已有一段时间了，然而当别人直截了当地问及我们的计划时，我却张口结舌，词不达意。

我见过处在战略转折点的公司犯同样的错误：言行不一。我把这种不一致称作“战略矛盾”（Strategic dissonance）[①]。它的出现无疑表明了公司正在经历战略转折点。

战略矛盾为何不可避免？它是由什么原因造成的？适应变化最早的是那些通过每日的工作慢慢适应外界新情况的雇员们。英特尔的生产计划员把晶片资源从存储器生产上转到微处理器生产上，是因为后者更加有利可图。而当时，我们高层管理者还陷在过去的辉煌带来的惰性之中：毕竟我们是以存储器厂家的身份发展到今天的，存储器是我们的强项，是我们的身份标志。这样，就形成了一线雇员和中层管理者实施某种举措，高层管理者却唱着立场相反的高调的局面。

怎样才能知道出现战略矛盾了呢？

只有在允许公开辩论的情况下，高层管理者邀请中层管理者或销售人员自由发言的时候，战略矛盾才能水落石出。在英特尔公司就是如此。我站在人群的面前接受提问时，有些对本行及环境都很熟知的雇员会提出一些具体的问题，做出一些细节性的评

---

① 罗伯特·布格尔曼与作者本人合写过一篇专文探讨“战略矛盾”，同名文章刊载于《加州管理评论》第 38 卷第 2 期（1996 年冬季号）上。此术语的来源是心理学上的“认知矛盾”。里诺·菲斯汀格尔（Leon Festinger）曾在其著作《认知矛盾理论》（*A Theory of Cognitive*, Evanston, IL: Row, Peterson and Company, 1957）中指出：“新的突发事件或为一个人所知，或直接发生在他身上，这就造成他暂时的认知矛盾对象——即与有关行为的既有知识、看法或认识不再相一致。是什么使这个人难以改变他的行为呢？第一，改变可能带来痛苦和损失；第二，现有行为表面看上去似乎还不赖；第三，做新的改变也许根本就不可能。”

论，使我觉得难以为公司的处境再做辩护。常常，他们先问我对某一产品、用户和技术采取什么特殊战略，我就把早已准备好的答案背一遍，接下来他们就问“那么……”或“你是说……”

这些问题常是对我所给的笼统回答的犀利剖析。当然，他们这样问可能是因为我没有把问题说清楚，但也可能是由于我的老套答案和外面的现实并不相符。如果是后一种情况，那么这就有可能是战略矛盾的第一迹象。它常使我提醒自己：“格鲁夫，留神听着，这里有些不对劲。”

战略矛盾的出现是人们对战略转折点的本能反应，因此探查战略矛盾的有无，是确定战略转折点的最佳方式。公司里的人开始提问题：“我们怎么说一套，做一套？”到了这种时候，就很有可能暗示着战略转折点正在酝酿之中。

实验

虽然公司的行动和管理者的言论之间的矛盾可以理解，但是随之而来的却是可怕的萧条和痛苦。矛盾产生的心理不安越来越严重，即使是最明智的人也感到扑朔迷离。你知道一些重要的东西变得和从前不同了，却说不出它们究竟是什么东西，说不出这种变化有多么重要，也不知道何去何从。

战略矛盾的解决并不是轻而易举的，也必须通过实验得到。

把企业中原有的条条框框放松一些，让他们实验不同技术、研究不同的产品、开发不同的销售渠道、争取不同的客户。从前，管理层总是致力于维持公司的秩序；这一次，不妨容忍一下新事物。只有一改旧辙，才能柳暗花明。

这个操作命令就叫作："让混乱统治一切！"

这样的混乱也不是样样都好，它解决问题的速度非常慢，使所有人都精疲力竭。但是，没有实验和混乱，旧秩序绝不可能让位于新秩序。

令人左右为难的是，如果不是长期以来在进行实验，就不可能在遇到麻烦的时候临时突击。中心业务一旦改变，采取行动就太晚了。最理想的形式是你长期以来都在不断地实验新产品、新技术、新销售渠道、新改进方式和新客户单位。之后，你如果感觉变化出现，就会有许多实验成果来扩充你的锦囊妙计，你的公司就会有更强实力来扩大实验的范围，容纳日益严重的混乱，就更容易为公司的改组找到新的方向。

早在微处理器成为我们业务中心的十几年前，英特尔公司就在实验开发微处理器这个产品了。多年以来，它并不是我们的主流产品。实际上，我们不但没有靠它赢利，还花了很多钱对它进行研究和市场开发。然而我们坚持下来了，微处理器的业务渐渐发展起来了。后来，环境发生了改变，我们就能够把重心转移到这项更具吸引力的新业务上来。

实验并不是一帆风顺的。第六章讲到20世纪80年代末英特尔公司内的i860RISC处理器和486CISC处理器的竞赛。虽然，我们在战略上全心全意维护微处理器的兼容产品系列，我们仍然同意一些最优秀的技术人员把他们的精力和创造力投入开发i860新架构中去。

这样做也有益处。旧技术一旦过时，我们就应该转向新技术。为新技术所做的实验使我们在必要的时候能够迅速转向。

然而，在我们扩大这次实验的规模、使之触及市场的时候，实验本身就成了影响公司的一大因素。它分散了我们的精力，把公司原来的微处理技术面目搅得模糊不清，最终将削弱整个微处理器业务的上升势头。一句话，它制造了混乱。要对付它有两种方法，一是利用我们在标准微处理器市场上的发展前途开创出RISC的新路，二是果断地中止这个实验。

保护罩

在许多运动中，时间就是一切。在企业事务中也是一样。早早采取行动可能会收到效果，一拖延就可能失败。

我所说的“早”是指企业现有的实力还没有削弱，资金流动尚有保证，组织系统仍然健全的时候。健康的企业状况为你提供了一层保护罩，你可以安全地在其中筹划将来如何改组公司。在保护罩的保护下策划变动，比业务全面滑坡之后再变动要容易得多。

换句话说，高层领导最好尽早接受战略转折点不可避免这个事实，赶在10倍速因素吸完企业的元气之前采取措施。行动越早、越果断，必要的变革对企业的损伤就越小。

不幸的是，事实上我们常常是反其道而行之。正是由于前面所述的情感因素的影响，很多管理者采取的行动太迟，导致原来可以保护他们的企业保护罩被磨穿。

原因很简单。在战略转折点初期阶段，还不至于人心恐慌。初期阶段时，不愿行动的人们可以说："我们就不要点金成铁了。"或者："我们怎么能够把精英们调离养家糊口的生计，去搞那些前途不确定的新项目？"最引人警觉的就是："公司承受不了更多变动啦！"意即："我不准备让公司承受它应当承受的变动。"

回顾我的管理生涯，我发觉我并未发起过任何重大的变动，不论是资源转换还是人才流动。我也不希望一年多前曾做过这样的事。回想一下英特尔的存储器事件。我们当时在存储器业务上亏损已有一段时间了，可是直到其他产品业务也相继出现滑坡的时候，我们才做出反应，直到资金形势严峻我们才被迫采取行动。NeXT公司的情况也是如此：它在现金周转不灵后才改弦易辙。此外，原先业绩显赫的康柏公司，在个人计算机商务成了一笔低赢利的生意后，花了很长时间才采取有力的措施。康柏的董事会决定大刀阔斧地行动时，已经有6个月的收入、利润和市场份额下降记录，损失已达7 000万美元，还经历了一次史无前例的员工解雇。

这种慢反应倾向总使人想起“当局者迷，旁观者清”的真理。有一天，我见到一家公司的经理，他正在苦苦思索一个战略变化问题。我鼓励他大胆转向新方向。当然，我来鼓励他易如反掌：我不需要做任何事情，而他却得停产某些已经许诺给客户的东西。他心里知道应当采取行动，事实上也的确做出了一些正确的决定。可惜在我看来这些变动太微不足道了，只是改变了一些周边的小计划——他们放弃了这种产品的某些成功型号——实际上他要做的是全部放弃，然后重新布置资源，转到明显更有前途的方向上。我不比他聪明，只是不必对这些变动负责而已。英特尔的存储器危机中，我扮演了管理者的角色，也同样由于行动太迟而备受谴责。

对悄然而至的新环境的担忧应该促使我们谨慎从事。除了我们在商界中磨炼多年的判断力、直觉和观察力之外，还应该有紧迫感。实际情况是，由于经验丰富，我们管理者常常知道应该行动，也知道该做什么，但我们不相信直觉，或者不愿意靠直觉办事，因此没有好好利用我们的企业保护罩。我们应该训练自己克服行动太迟的毛病。

产业新图

在产业环境变迁时，行动太迟的错误最为危险。日常的业务背后，有着一张隐而不现的产业结构图，由许多约定俗成的规则和各种各样的相互关系构成，还包括经营企业的方式方法、已完成的任务、未完成的任务、重要的事件、次要的事件、哪些人的观点可取、哪些人常常犯错等等。在业界的海洋中遨游多年之后，人们近乎本能地了解这些东西，常常不假思索就能应答如流。

然而，产业的结构一旦发生变化，这些构件也随之发生变化。多年来一直在你的脑海里浮现的产业结构图，虽曾为确定企业行动方案立下汗马功劳，如今却已黯然失色。但是，你还没有机会画一张新图来代替它，还没有琢磨出今天与昨天的区别所在，还不知道现在是哪些因素在掌管生杀大权。

所有计算机业界的人士都不得不应对产业结构从纵向到横向的变化。横向模式的根本意义在于持有某一横向层面中最大股份的公司就是赢家。英特尔意识到这一点，更坚定地认为应该与其他所有横向层面相互兼容，使我们的微处理器业务朝高容量、低成本方向迈进，争取扩大我们的规模和范围。同样，康柏公司1991 年进行大重组和战略转移时，他们的行动也表明了他们已经认识到横向模式中的规模与范围的重要性。[①]

战略转折点期间，管理层必须不断地调整产业战略图，我们

① 哈佛商学院的阿尔弗莱德 · D · 钱德勒（Alfred D. Chandler）教授在其《规模与范围》（*Scale and Scope*, Cambridge, MA: Belknap Press, 1990）一书中指出：多种经过变革的产业所采取的某种新运作模式，都以其经营规模和范围为关键因素。

都能自然而然地去考虑这个变化。但是，我们脑海里的图形总是变得模糊不清，因而把它用书面形式表达出来很有必要。

怎么开始呢？每个公司都有组织报表，有时有厚厚的几摞。这些报表说明了公司系统内部的关系。如果它们能够帮助雇员们处理公司内部的事务，那么相应的产业图表也就对理解企业之间的关系大有裨益。因此，请绘制一张这样的表（第九章中将介绍我如何通过制表了解互联网）。

企业需要大量地实验新技术、新分配方式，同样的，作为高层管理者，你应当在实验中探索新产业结构的详细情况。拿出你的正在成形的图表来给同事们看看。友好的讨论将会使你思路清晰。这样做还有一点好处，就是这些讨论为组织系统做好了应变的准备。

现代企业中，对市场因素的迅速反应取决于中层管理者的独立行动。他们包括技术管理者、技术专家和市场专家，他们对行业的知根知底是企业做出正确决策的关键所在。高层管理者和技术管理者如果在产业形势的看法上取得一致，他们承认环境变化、做出正确反应的可能性就会大大增加。他们在产业结构图及其动态上达成共识，是使原有企业成为适应性企业的关键所在。

无论是高层管理者、中层管理者还是技术管理者，改进产业结构图都能引导你做出更好的决策，并使你对自己的决策更具信心。

第八章　乱中求治

在战略转型的最后阶段，明确的前进方向万分重要：我们追随什么，不追随什么。

每当我回顾穿越战略转折点初期阶段的经历的时候，总想起古老西部影片中的经典片段：一群骑士在穷山恶水之中艰难地跋涉。他们并不清楚前方确切的路，只知道不能回头，相信最后总会到达心中的乐土。

带领企业走过战略转折点，就像在陌生的领地行军一样。企业的规则有的没有建立，有的闻所未闻，因此，你和同伴的手里没有新环境的地图，也不清楚自己想到达的目的地在哪里。

事态很紧张。常常在经历战略转折点的时候，手下人对你失去了信心，也对其他人失去了信心。更糟糕的是，你也开始怀疑自己。管理层互相埋怨，内部矛盾接踵而至，争论战日益升级，一发不可收拾。

这时，作为领导人的你，开始朦胧地意识到新方向的召唤，但是你的公司已经士气低落，疲惫不堪。使企业维持到今天已消耗了大量的精力，你必须找到补充精力的源泉，激发你自己和手下人的热情，恢复往日的生命力。

我把你和你的公司正在拼命征服——不然就灭亡——的穷山恶水看作死亡之谷，它是战略转折点中的必经之地。你无处可逃，也无法改变其凶险的面目，但你可以更有效地对付它。

穿越死亡之谷

为了成功地穿越死亡之谷，第一件事就是设想出公司到达彼岸后的形象。不仅自己要看到这个形象，还要把它清清楚楚地展现给你那些疲惫灰心又迷惑的雇员们。英特尔到底会是一个什么公司？——广泛生产半导体部件的公司，存储器公司，还是微处理器公司？NeXT呢？它将是计算机公司还是软件公司？你要经营的书店究竟是什么样子？是让读者在其中边喝咖啡边看书的，还是折价让利型的？

这些问题的答案，应当简明扼要，适于记忆，便于理解。1986年，英特尔推出了一个口号：“英特尔，微处理器公司”，这正是我们竭力争取的目标。这句话丝毫未提及半导体或存储器，它表达了我们公司穿过1985~1986年存储器劫难的死亡之谷之后的形象。

管理学作家把这种形象设计称为“愿景”（Vision）。对我来说，这个词有点儿太高深了。你要做的只是抓住公司的精髓，看准业务的焦点。要清楚地为公司形象下定义，除了回答“它是什么”之外，还要回答“它不是什么”。

回答后面这个问题比较容易，因为在竭力摆脱困境时，你会有强烈的愿望表明自己不想成为什么样的公司。1986 年，我们知道自己不再想作为一家存储器公司。在与其殊死搏斗的过程中，我们知道自己力不从心，因而产生了强烈的退出念头。

这个过程中会有危险：我们可能会把公司的身份过于简单化，把战略过于集中化。有的人会说：“那我这部分业务怎么办？……公司不感兴趣了吗？”正因为这样，英特尔仍然从事除微处理器之外的其他业务，甚至还保留着相当数量的其他种类半导体存储器业务。

过于简单化的危险还不算太糟糕。如果我们的每位管理者都争先恐后地在重新定焦范围中抢占一席之地，公司又不得不向他们退让的话，对公司身份的定义就会流于宽泛而不切实际。

让我们通过下面这个事例看一看坚定的战略焦点的重要性。莲花公司（Lotus）在最初 10 年是一家个人计算机软件公司，尤以其作为试算表的空白表格程序而闻名。由于公司本身出现的一些差错，更重要的是竞争对手的存在（就像日本存储器厂家对我们造成重大影响一样，微软公司的应用软件在冲击着他们），莲花公司的势力渐渐削弱。然而这期间莲花公司开发了一种新一代软件，安装在他们的产品 Notes 中间，希望带来像空白表格程序那样的效益。尽管莲花公司在空白表格程序及其有关软件的苦海中挣扎已有许久，公司管理层还是决定把重点从空白表格程序上转移开。在这艰难的几年中他们仍然坚持投资开发Notes，使之成为充斥公司宣言的主要市场项目及发展项目。

当然，这件事还在进行之中，但从为公司绘制明确蓝图的角度看，莲花公司的管理层做得对。正是莲花公司在Notes上的优势促使IBM公司最终以35亿元的价格买下了这家公司。

再来看一个反例——一个对自己要做什么都心中无数的公司。我们想和一家公司合作，以使各自的产品相互配合使用，于是我见了那家公司的一名高层管理者。为了使合作成功，他们需要明确地决定采用何种技术、不采用何种技术。和我交涉的是公司里第二级别的一名管理者，他犹豫不决，心烦意乱。他好像想和我们合作，但是为了合作必须采取一定的行动，而他一想到这一点就头脑发僵、四肢不灵。

几天以后我们在报上看到他的上司、公司的首席执行官，毫不含糊地发言支持我们两家公司的合作。我从报上撕下这篇报道，在同事面前挥了挥，说道："生意成交了。"我的快乐只持续了24小时。第二天报纸上发表更正文章，说那完全是一个大大的误会。

试想一下，作为一个市场或销售部门经理，被上司的含糊其辞误了大事是怎样的心情，看到报上出现的关于他的"当天"的最新指令的报道又有何种感觉。在这样出尔反尔的上司手下任职，工作动力从何而来？

领导人为何常常不愿领导别人？我实在感到费解。猜想过去，可能是由于领导人必须在同事、职员和雇员们仍在喋喋不休地争论该走哪条路时，就走在他们前面做出决定，这个决定必须果断、明确，然而它的成败却需要多年之后方见分晓。这样做无疑需要十足的信心和勇气，对领导人来说是一次严峻的考验。相比之下，缩小公司的规模就容易得多，自信心不足也问题不大——关闭工厂，裁减员工的效果立竿见影，财务人员举双手赞成，自然是个无惊无险的大好决策。

走过战略转折点的经历就是公司从过去的形象向将来形象的根本转变的过程。这个过程之所以极为艰难，是因为公司的各个部分都是在过去建造成形的。如果你和你的员工过去经营的是一家计算机公司，你能想象把它变成软件公司会是怎样一种情形吗？如果你们原来经营的是各种半导体业务，那么它摇身一变成了微处理器公司又会是怎样的情况？因此，为了在战略转折点中求得生存，必须更换一些管理层的人员。

记得我们曾经开过一个经理会议，讨论英特尔的“微处理器公司”的新方向。董事长戈登·摩尔说道：“我们若是认真沿这个方向走，5 年之内，我们的行政领导中有一半将转变为软件型领导。”他的言下之意是说，这个会议室的人，若不转变专业方向，就要被人代替。我巡视着整个房间，心中暗想：今后谁去谁留？后来的事实证明，戈登·摩尔是对的。我们管理层的人员有一半转变了他们的方向，另一半则离开了公司。

对新事物的察觉、想象和感知只是万里长征第一步。对这一点要做到心中有数，也要客观冷静。不要妥协放弃，也不要自欺欺人。如果你定的目标高不可攀，那么逃出死亡之谷的概率就不会太大，这无异于自取灭亡。

资源再分配

杜拉克曾说过，企业体系的转型过程中最关键的就是资源从旧产业到新产业的全盘转移。3 年间，英特尔的生产计划专家逐渐地削减存储器生产中使用的硅片资源，并把它转用在微处理器上。这样做就等于把珍稀资源从低赢利产业向高赢利产业转移。不过，原材料并非唯一的资源。

与原材料同等重要的资源是你手下的精英——他们的知识、技术和专长。我们近来把一名负责下一代微处理器的主要经理调离原职，让他监管一条今后几年内未必能够赢利的新的通信生产线。这就是调动了一项价值极高的资源。虽然他在原来的岗位上成绩显著，但可以顶替他的仍不乏其人。相反，新岗位正亟待他的赴任。

时间是一项极为宝贵的资源，然而时间又是有限的。英特尔从“半导体公司”转向“微处理器公司”时，我意识到应该学一些软件知识。不管怎么说，我们所做的一切都取决于软件业范围内的计划、思想、目标和愿景。因此，我特地开始投入相当的时间接触软件专家们。我到软件公司访问他们的领导，定时电话联系，约定见面时间，向他们请教有关软件业务的知识。

这对个人来说有点冒险意味。我必须放下架子，承认自己在该领域的无知，和我从未谋面的要人交谈，事先根本不知道他们将做何反应。这也需要勤奋努力。我在与他们面谈时，做了详尽的记录，记录的内容有的我能看懂，有的则不知所云。于是我把不懂的部分带回公司，向我们自己的专家请教。这就好像回到学校学习一样（幸运的是，英特尔是一家学校型的公司，十分赞赏和鼓励有着 20 年工作经验的资深人士重回基层学习技术）。

要承认自己才疏识浅、有必要学习新知识，并不是件容易的事。对一名深受他人敬重已成习惯的高层管理者来说更是困难。但是，如果任其发展，他人对你的敬重就会形成一堵墙，阻碍你学习新的东西。要克服这些需要自律。

个人时间的重新分配尤不可少。我开始学习软件业务时，不得不从别的事上挤出时间来。换句话说，我成了自己时间的“生产计划专家”，需要重新调配工作时间。这样就出现了问题，从前常常能够与我见面的职员不容易再见到我，他们开始问道：“你对我们的工作不再关心了吗？”我尽力安慰他们，并重新为经理们分配任务。一段时间后，他们习惯了，接受了，就像接受英特尔转型期间的种种其他变化一样。但是，这对他们、对我，都不是件容易的事。

资源的再分配听起来百益而无一害：它意味着你把更多的注意力和精力投入到前程似锦的产业上去。但与此同时，你不可避免地削弱了其他的资源：生产资源、管理资源、你自己的时间。战略转型中，需要把所有资源和规则重新调配，否则，它们就会成为言之无物的陈词滥调。

还有一点，如果你处在领导地位上，那么你本人的时间分配具有极其重要的意义，它比任何发言都更能体现哪些是公司的重点、哪些是非重点。

战略变化不是凭空发生的，它和你的日程安排密不可分。

战略行动

战略行动的一个例子就是为了争取战略目标而进行的资源分配与再分配。我深信公司战略是由一系列这样的行动组合而成，而非从上至下贯彻的传统战略计划。根据我的经验，战略计划总是空口白话，对公司的实际工作无所裨益。相反，战略行动总是富有成效。

它们之间有何不同？战略计划是我们打算做的一些事情，而战略行动则是已经迈出的或正在迈出的步子，它代表着我们的长期预算。战略计划就像政治演说，战略行动则需要脚踏实地。战略行动的形式不拘一格，可以是把崭露头角的职员分配到新岗位，可以是在以前没有业务的地方设立销售点，也可以是中断某一长期苦心经营的产业的发展。所有的行动都是实实在在的，它们标志着企业经营方向的改变。

战略计划常常诉诸语言，对于管理层之外的人士来说犹如天书；而战略行动则直接触及雇员的生活。就像我们从存储器生产转到微处理器生产上时，销售人员就面临着推销两种产品的任务。战略行动改变了他们的工作。不仅如此，它还会引起惊诧与恐慌。我们把那名经理从久经考验的、可靠的微处理器业务岗位转到前途未卜的新领域中去时，情况就是这样。

战略计划中包含的都是将来发生的事情，与我们今天要做的实事关系甚微。因此，不需要过分关注战略计划。

与之相反，战略行动就在眼前，它需要我们刻不容缓的重视。战略行动的力量来自于它的即时性。即使战略行动只使公司发生了区区几度角的小转向，只要这些战略行动的预期效果和公司穿过战略转折点后的预期形象相吻合，这些行动就能相互作用，迸发出更大威力。正是由于这个原因，我认为公司转型的最有效途径就是经历一系列循序渐进的变化，变化的方向又要与我们已经明确指定的最终形象保持一致。

但是，战略转折点也能够受益于高强度、大规模的战略行动。这里的大规模指的是该行动受到许多人的注视、听闻和询问。举个例子，前面提到过那个我们打算与之合作的公司，其总经理的讲话刊登在报上，引起了大家的普遍关注："这就是说……"这就是大规模强调战略新方向的绝好机会。不幸的是次日报上发表更正消息，断送了这个良机。

战略转折点中的战略行动能够引人注目固然不错，但要选好正确时机。战略行动，尤其是涉及资源再分配的战略行动，就好比接力赛中运动员的表现：他们必须在最适宜的一瞬把接力棒传给队友，过早或过迟送棒都会影响该队的速度。

处理从旧到新的资源转换时间时，也要将此牢记于心。从旧产业、旧任务或旧产品中挪走资源的时间如果太早，只能成事之80%。只要再添一把劲，就能大获全胜。另一方面，如果在旧产业中沉迷太久，必将丧失抓住新产业、开发新领域和熟悉新秩序的好时机。其中有一段黄金时间，你在旧产业上的投资恰好能推动你走过转型期，接洽上为新领域部署资源的那一时刻。选择时机的两难问题如表2所示。

表2　资源转换两难问题

资源转换 过早： 原任务未能完成	资源转换 恰到时候： 现有战略仍然有效； 新威胁与新机会已明显出台	资源转换 过迟： 转型机会丧失； 滑坡趋势不可逆转

什么时候才是黄金时刻呢？就是现有战略仍然有效，企业业绩仍在上升，客户与互补企业仍然交口称赞，然而雷达屏幕上却出现了值得警惕的重要光点的那一时刻。如果研究表明新机会的确属实且前途无量，就请把资源转到新领域。

你很有可能犯后一种错误，那样会耽误太多时间。过早行动的后果远不及太迟行动的后果严重。如果行动过早，原有的产业仍然健全，即使做错决定，也容易及时挽回。比如，可以把调配到新岗位上的人员重新调回原岗位，他们早已在原岗位上驾轻就熟，重操旧业不成问题。但是管理层总是倾向于抓住老枝不放手，做出战略行动总是太迟而非太早。这样就很可能陷入不可逆转的滑坡趋势。

简单地说，在变化发生之时，经理们几乎都知道该朝什么方向走，但通常行动得太迟、太少。更正这个倾向的方法是：提前行动、大刀阔斧地行动。你会发觉这样更接近正确做法。

每个公司的黄金行动时间并不相同。有些公司知道自己在什么时间应该迅速反应、采取行动。他们可以等着其他公司尝试了技术的局限和市场的容纳能力之后，再尾随、赶上并超过他们。

我把这种战略称为“尾灯”方法。在雾中驾驶时，跟着前车的尾灯灯光行路会容易得多。“尾灯”战略的危险在于，一旦赶上并超过了前面的车，就没有尾灯可以导航，从而失去找到新方向的信心与能力。

当一名行动的快手也有许多风险。最大的风险莫过于难以区分信号和噪声，常在非转折点上大做文章。还有，即使他们反应正确，也容易赶在市场变化之前行动，因而极有可能遇上第六章中提到的“最初模型陷阱”。

但是，抛开这些危险之后，就能发现更多的益处：早早行动的公司正是将来能够影响行业结构、制定游戏规则的公司，只有早早行动，才有希望争取未来的胜利，扭转不利的命运。

近年来，英特尔人认为开发个人计算机，使之成为通用信息设备的机会到了。但是，这并不是十拿九稳的事情：PC机传统上用作数字输入终端的替代设备，只能显示涉及商业、贸易领域的数字和文本。这些年来，技术的进步使PC机获得极为引人注目的视觉功能：它可显示彩色画面、可以发声并播放视频图像，同时还保留了重要的传统特性，即交互功能。

我们看到了利用这些功能的可能性，预期PC机将成为身边发生的信息及娱乐革命潮流的中心，但大多数人却认为革命将围绕比电脑更为人熟知的电视机展开。因此，我们极力宣传以PC机为发展中心的观点，口号是：“它就是PC！”并在整个行业范围内散布这种见解。同时，我们在公司内部进行了各种技术开发，力图使PC更具竞争力。我们在该观点未盛行一时的时候，就开始塑造自己的未来。我们想成为早早行动的公司。

在战略转型期常出现一个问题：是投入全部精力向一个明确

的战略目标进军呢；还是做墙头草，两边观望？这个问题常以此种方式出现——一个雇员问我："安迪，我们该不该在微处理器之外的产业投资？别把所有的鸡蛋都放进一个篮子里。"或者问道："安迪，我们可不可以在搞个人计算机的同时开发一下电视机？"我比较赞同马克·吐温的那句精辟之言："把所有的鸡蛋都放在一个篮子里，然后看好那篮子。"①

追求一个战略目标，尤其是在你死我活的竞争之中追求这个目标，实非易事，它需要花费企业的全部精力。

这里边有几点缘故。首先，没有一个简明扼要的战略方向，很难带领企业走出死亡之谷。到达目前的地点已经消耗了大量体力，雇员们面临死亡之谷灰心丧气，相互指责。这种情况下，即使目标明确单一，走到对岸已属不易，若同时存有多个目标，就根本无法领导这支士气低落的队伍。

竞争在追逐着你（这是常事，也正是"疑者生存"的原因），要到达死亡之谷的彼岸，就不能被后面的人赶上。而要做到这一点，就只有专注于某一方向，以最快的速度奔跑。你可能会辩解说，既然被人追逐，就应当左躲右闪，而不该直线前进。我不这么认为：左躲右闪分散了精力，总体投入更大。对焦不清晰，企

① 此引言见于马克·吐温的名著《傻瓜威尔逊》（*Puddin' Head Wilson*）："看哪，傻瓜开口道：'千万别把所有的鸡蛋放在一个篮子里！'这话的含义就是'不要分散你的金钱和注意力'，不过，智者却说：'把所有的鸡蛋都放在一个篮子里，然后看好那篮子。'"

业的资源和精力就会流于涣散浅薄，就像水面足有一平方英里，水深却只有一英寸一样。

其次，身处死亡之谷时，你可以想象彼岸的景色，但这时你所想的究竟是实是虚，谁也没有把握。尽管如此，你还是要为自己设定明确的路径和行进速度，否则不久之后水源和体力就要告急。

路径选错了，你就会死亡。但是大多数公司的死亡，并不是由于选错路径，而是由于三心二意，在优柔寡断的决策过程中浪费了宝贵的资源，断送了自己的前途。最危险的莫过于原地不动。

战略清晰的必要性

公司目标未定，行进迂回之时，管理层的士气必然低落。管理层的士气一低落，雇员们必然茫然不知所措，因而一事无成。正因为这样，公司需要一位强有力的带头人来确定前进的方向。它不必是最佳的方向，但一定是最明确、最坚定的方向。

处在死亡之谷中的企业，有一种倒退栽入混乱泥潭的自然趋势。它们对管理层发出的含混不清的信号高度敏感。

公司的领导常在无意之中成了混乱的制造者。有一次，一个商报记者和我谈起他采访一个日本大公司的头头的经过。这位记者当时正在撰写该公司的传记，便请公司头头阐明公司的战略。

被采访者怒而答曰："我凭什么告诉你我们的战略！好让你们去帮助我们的竞争对手吗？"我觉得，这个人之所以不愿阐明他的战略，不是因为担心帮到竞争对手，而是由于他根本就没有战略可以告人。我对这家公司的一贯印象就是他们态度暧昧，模棱两可。

另一种制造混乱的途径是领导核心层出现几种声音。在转型期内，雇员对公司领导的言论极为关注，常常是一石激起千层浪。我前面说过的那个总经理，在报上发布了公司的战略方向，后来竟然又收回。出尔反尔使他信誉扫地，今后想再赢得人心，恐怕更加困难。换句话说，迈错一步后再想回头，不得不花费巨大力气。

我的意思是，假如公司的领导不能明明白白地描绘出死亡之谷那一边的情形，那么还能有希望号召全体员工接受陌生的新任务、在不确定的环境中为迷茫的未来努力工作吗？

在战略转型的最后阶段，明确的前进方向万分重要：我们追随什么，不追随什么？在转折过程的中间阶段，我们有必要让混乱统治一切，在混乱中探寻各种求生手段。但是这一阶段造成的含糊局面必须理清，你必须为职员注入新的活力，选定新的方向。这一步就叫乱中求治。

聆听卡桑德拉们诉苦的时代此时一去不复返了。诉诸实验的时代此时也一去不复返了。现在要做的就是对你的队伍下达一清二楚的前进命令，把公司的资源连同你自己的资源——时间、洞察力、对外发布的演讲和告示——投入这个明确的新方向。因为对外的演讲和告示比起在公司内部雇员面前的讲话来更具可信度。最重要的是，你应当成为新战略的模范带头人，这是证明你的认真和投入的最佳方式。

怎样做一个战略的模范带头人？你要表现出对该战略方向的兴趣，积极关注与新方向相适应的各个细节情况，从不适应新方向的行业上收回注意力、精力和投资。不要担心做得过火，要相信你的一言一行都对公司有着深刻的影响。

你可以做得过火，对一些不适合当前战略需要的重要领域置之不理。忽视这些重要的东西自然很危险，但这是一个必冒之险。如果你矫枉过正，以致忽略了日常工作中的某些基本要点，回头再拾起来也不迟。只有错过了大规模战略转变的大好时机，才是铸成了不可挽回的错误。

这种时候，你的日程安排成了举足轻重的战略工具。许多管理者在拟定日程安排时总是拘泥于过去的活动，总是按照过去的做法安排面谈、参加会议和其他活动。打破这个条条框框，抵制住请柬和约会的诱惑。这些事在从前早就做过了。试问自己："参加这个会议能使我学到有关目前对我来说是生死攸关的新技术和新市场的知识吗？能使我认识对我的新方向有帮助的人士吗？能告诉我新方向的重要性吗？"如果能，你就去；如果不能，就别去。

我的意思是选择方向时千万不要两头观望，贻误时机。如果这样做，手下人士必然感到迷惑，不久就将退出。你不仅迷失了方向，还会继续消耗公司的能量。

在新战略行动的执行中要以身作则。还有一个难点，就是大公司的领导，由于工作性质的缘故，常常缺少与经理们和雇员们的直接交流。你不可能和每个人都谈话，不可能一眼看遍所有人并和他们谈你的观点。因此，你要像强力磁石吸引铁屑一样，尽量把你的决定、心愿和见解向外铺开一定的范围，使你的手下人伸手可及。

要触及数量庞大的人，就应该尽全力和他们交流，澄清自己的意见，怎样做都不过分。不断地向雇员们发表讲话，到他们的车间去，把他们召集起来，一遍一遍地解释你的意图（特别留心回答“这就是说……”这类问题，这常常是赢得别人理解的最佳途径）。你的新思想和新论点需要一段时间才能被人接纳，但你会发现，不断重复会使新方向的概念更加明晰，使雇员们理解得更加透彻。因此，尽量多讲话、多回答问题，表面上看似乎是颠来倒去的几句老话，实际上它起到了强调战略思想的作用。

在这里，中层管理者起着特殊的作用，他们比任何人都能够帮你传播信息。把他们看作是为你宣扬新方向的有力工具，千万不要忽视他们的重要性。挤出时间来和他们接触，否则你就会有失去他们全力协助你的危险。

在雇员们面前露面的最大好处是可以测试自己能否抵挡得住他们提出的各种问题，前提是公司的传统提倡鼓励他们随意提问。雇员们的问题大多正中要害，只有在自由的气氛中他们才能这样提问；也只有他们，才能提得出这样的问题。你的思想里只要出现一个战略逻辑性错误，他们就会嗤之以鼻，并马上提出质疑。

这可不是好玩的事。你可能更愿意隐匿自己的战略思想，避免让他们抓到破绽。在大庭广众面前漏洞百出难道不是件令人尴尬的事吗？但是，在我看来，在雇员面前出点差错还是小事，因为仍有改正的余地。若跳过这一步，把这差错带入市场，就无法挽回了。

技术可以帮你这个忙。电子邮件为我们接触大批人群提供了极好的方式。在大多数现代企业中，计算机都已联网，可以向网上任何一台计算机传递信息。一名管理者只要在计算机前面花上几分钟时间，就可以把他要说的话传给几十、几百甚至几千个公司职员。其信息传递之迅速，非电子通信所能及。

有一点值得注意：如果你的信息表述得很清楚，就会收到回信和别人提出的问题。回答这些问题，你不必花太多的时间，写上两三行就能概括你的思想精华。这是件一举多得的事，你发出的信息不仅被收信人阅读，他们还会通过联网的机器把它传递给其他雇员。因此，用电子邮件回答这些问题，和雇员讨论会上回答问题非常相似。答案要简明扼要，这样就能把雇员们引向你所想的方向。

每天我都要花上两个小时左右的时间阅读世界各地的人写来的信，并给他们回信。我并没有用整块的时间从事这项工作，但我总是保证在一天结束之前读完全部的信。我发觉这种方式非常适合于传递我的思想、反应、偏爱和倾向。

与此同等重要的是，我收到的电子邮件使我接触到许许多多其他人的思想、反应、偏爱和倾向。更多的卡桑德拉们通过这种方式向我汇报外围的情况。我目击了许多辩论，听到了更多的业务杂谈和有些从未谋面的人发来的消息。这些收获比我走过英特尔员工住宅楼的大厅里听到和看到的要多得多。我们从前常说“走访式管理”，现在应该用手指敲击键盘来代替走访。英特尔目前已是一家大规模的跨国公司，我费尽所有时间也不可能走访 60 多座职工楼。因此，电子邮件变得更为重要。

很长一段时间以来，管理人员试图用闭路电视或预先录制好的录像带，来作为宣传战略方向的工具。这可能是件合情合理的事，也不太难办到，但它的效果不好。这种单向的方式限制了与员工的交流往来，他们没有机会问“这就是说……”这类问题。如果雇员们没有机会当面提问或通过电子邮件探知你的想法，那么你所传递的信息就一文不值。

不要仅仅因为那样做容易就去做它。公开、双向的关于战略变化的交流不是一件容易的事，但却是非做不可的。

整旧迎新

戈登·摩尔曾说过，5 年内我们的员工队伍将由软件型员工组成。这的确是个远见卓识，而且对于其他面临 10 倍速因素的公司同样适用。简而言之，管理层不改变，公司就不会改变。我并不是指管理人员一定要卷铺盖搬光，我是说他们每个人都需要调节自己，适应新环境的要求。他们可能要重回学校念书；可能要接受新任务，到一个不熟悉的岗位上工作几年。他们必须适应，否则就会被那些更加适应公司新前景的人员替代。

我们根据戈登的提议改组了管理层。当然，有些管理者辞职了，由英特尔内部更能胜任该工作的职员代替。更多的是原来的管理者学到了新知识。前面说过，我本人就花费了大量时间到个人计算机软件公司去学习他们的战略，并与他们的管理者保持联系。其他人也采取了相似的方式向新课题转变。还有一些管理者甚至回到基层，获得更适应新方向的亲身技术体验之后再返回管理层。我们常常这样做，在公司转变方向时，管理者以这种方式学习技术是为众人所承认和接受的。

适应性行为不仅只是英特尔公司一家所独有。惠普公司在这 50 年间就经历了对新方向的适应过程。我有幸看到他们的调整方法。近年来，惠普公司的管理层决定把英特尔微处理器技术作为他们将来微处理器需求的基础。这个决定意味着他们的计算机产业——现在虽然还使用本公司设计的微处理器——今后就要转向使用对市场竞争来说更加方便可用的英特尔的微处理器了。

这对他们的业务是一次深刻的变化，做出这个决定历尽了艰难。我们两家公司曾在一起开会，我在会上听到了他们的一些讨论。仅仅是匆匆的一瞥，就使我意识到为何惠普公司以善于渡过转型期而闻名。他们的讨论理智冷静、心平气和，进展虽缓慢，却绝不在原地兜圈。

有些管理者认为有必要猛然转到新方向上，但他们却无法把公司里其他所有人都带上新路。我曾经看过苹果计算机公司1983~1993 年的总裁约翰 · 斯卡利的一段录像。他在哈佛商学院演讲时说，他的管理生涯中所犯的最大错误有两个：一是没有使苹果软件适用于英特尔的微处理器；二是没有改进当时革命性的苹果激光打印机，使它在苹果以外的PC机上也可适用。听到他的话，我吃了一惊。这使我看到斯卡利对横向产业结构含义的理解。但他本人似乎不够坚定，因而不足以克服苹果公司已有的成功惰性，毕竟苹果公司作为不折不扣的纵向型计算机公司已有 15 年的历史了。

王安实验室也是一个有趣的例子。在创始人王安博士的领导下，公司经历了一次巨大的转变，从生产台式计算器的厂家转变为分布式文字处理系统（distributed word processing system）的先驱。王博士深谙这些技术，在公司里的地位极为重要。他一言九鼎，其预见通常准确无误，但是，1989年PC革命浪潮正高时，王博士却病重在床。由于公司没有了他的掌舵，也没有其他高层管理者接替他的工作并确定公司在变化中的立场，公司迷失了战略方向。这一次，公司没能够走过转型期，最后以破产告终。

为什么苹果公司和王安公司不能于乱中求治？

成功地穿过战略转折点的公司，似乎有一种存在于自下而上的行动和自上而下的行动之间的对立统一。自下而上的行动是从中层管理者开始的，他们由于工作性质的关系首先觉察到外界风向的改变。他们的岗位在外围，因此最早察觉到变化的出现（记住，雪总是在外围先融化），也最早对此做出反应。但是，同样由于他们工作的性质，他们只能在局部范围内做出小的变动。生产计划专家可以改变硅片的分配，但却无法左右市场策略。他们的行动，必须和来自高层领导的行动在半途相遇。高层管理者虽然不易触及风向，但他们一旦决定转至新方向，便可以改变整个企业的战略。

当自下而上与自上而下的行动处于同等强度时，效果最佳。

我们可以用下页2×2矩阵图（图10）来说明这一点：

4个象限中最好的一个是右上象限——强有力的自下而上的行动与自上而下的行动取得大致平衡。

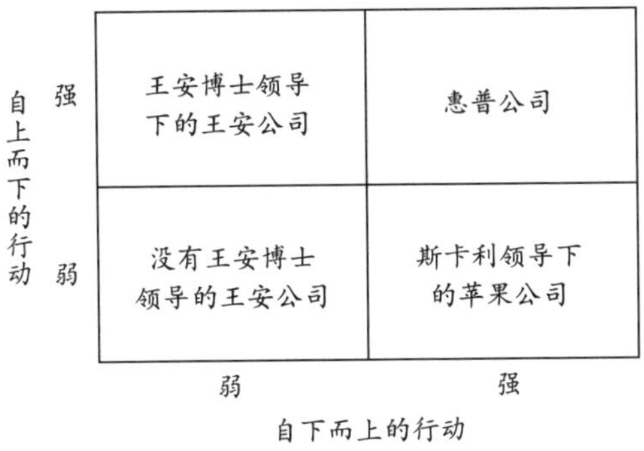

图 10　动态对立统一图

动态对立统一

如果这些行动以动态的面目出现，如果高层管理者既能让混乱统治一切又能反过来于乱中求治，上述的对立统一将产生极佳的效果。高层管理者稍稍放松控制时，就会有自下而上的行动出现。他们做各种实验，采取各种产品策略，使公司同时朝多个方向前进，混乱随之统治一切。这种富有创造力的混乱局面上台之后，公司日后的前进方向逐渐明朗起来，这时候，乱中求治就是高层管理者的责任了。在两种截然不同的状态之间做钟摆式的运动，是经历战略转型的最佳途径。

动态对立统一必不可少。带领公司走出死亡之谷的智慧，并不只是高层管理者脑子里盘算的具体事件。如果高层管理者的任命取决于公司世代相传的习惯，那么他们的思想必定拘泥于过去。

如果他们来自公司外部，那么他们很可能不了解与公司新方向有关的详细情形。高层管理者必须依靠中层管理者。然而，导航的重任又不能完全由中层管理者来承担。他们的知识丰富详尽又有亲身的工作实践，但是他们的经验和见解只局限于小范围内，缺乏统领整个公司的雄才大略。

我付出了很大代价才明白这个道理。20 世纪 80 年代中期以前，英特尔还未出现危机，战略计划体系是不折不扣的自下而上型。中层管理者必须制订区域战略计划，然后在历时很长、议事极为具体的讨论会上把他们的思想、战略、要求和计划报告给高层管理者。这种讨论会的单向性极浓——中层管理者全权负责准备口头报告及发言，而高层管理者则坐在会议桌的另一边，时不时地提几个问题，大多是指出发言者的逻辑漏洞和数据上前后矛盾的地方。我们的问题几乎都是吹毛求疵，根本没有起到指点战略方向的作用。

只有公司的首要战略还是生产质量更高、容量更大的半导体存储器，以迎合竞争的需要，这种讨论才能起作用。讨论会上的具体入微的商谈，告诉我们应当开发哪种技术及怎样开发它，哪些产品将以这项技术作为基础，等等。

我们开始步入第五章所描绘的战略转折点之后，这种系统不再适用于应付大转变的弊端就渐渐暴露出来。原来负责存储器产品的中层管理者怎能回答“我们还有机会在存储器产业中独占鳌头吗”这类全局性的问题？负责微处理器的管理者也无法提出诸如“英特尔继续把技术资源浪费在问题迭出的存储器上，而使崭露头角的微处理器产业两手空空，这样做对不对”这种基本性的问题。高层管理者应当参与出谋划策，不畏艰难地采取一些行动。我们到了最后，由于财政赤字的无情逼迫，也只好这样做了。但我们意识到这并不是制定战略的最佳途径。

我们需要的是上下平衡型的相互作用，即知识丰富却眼界欠广的中层管理者和高瞻远瞩、统观全局的高层管理者互补不足，联手行动。两者对立会引起激烈的争论，但正是通过争论，大家看清了死亡之谷另一边的清晰景象，从而更有利于确定前进的方向。

一个企业，若一贯能够成功地处理这两个发展阶段——争论（混乱统治）和目的鲜明地前进（扫除混乱），那么该企业就可称得上是一个坚定有力的适应性组织。

这种企业有两个特点：

1. 它容忍争论，甚至鼓励争论。

激烈的互不相让的争论围绕需要研究的问题展开，参加争论者无论职位高低、背景如何都可自由发言。

2. 它能够做出明确的决策，接受明确的决策，并使整个组织齐心协力拥护该决策。

具有以上两个特点的组织更善于应付战略转折点。

尽管这种描述听起来在情在理、令人神往，但真正设身处地管理起来却并不容易，特别是从外部调入公司的经理并不熟悉钟摆运动中的微妙变化。我想起一个例子：有一次，我们从公司外部招了一位非常能干的高层管理者，用以填补我们管理层在计算机专业技术方面的空白。他脚踏实地，工作努力，也很喜欢公司里互相交流的氛围。但是他还是没能明白让公司顺利发展的原因所在。

有一次，他组织了一个委员会，对由某人提议调查的某一问题进行研究。这位管理者自始至终很清楚自己的目标，但他却没有将其告知委员会，而是希望中层管理者们自下而上地提出这个目标，以达到同样的效果。可是委员们却纷纷提出不同意见，他真是进退两难。到最后，他不得不专断地把自己原来设定的目标硬性下达给委员会，而这时委员们已经唇枪舌剑地争论了好几个月，早已打定自己的主意。他的独裁型目标下达方式到了这样一个最后阶段，自然行不通。我们公司的合作传统将其拒之门外，而他还不明白错在哪里。

彼岸

许多公司经历了战略转折点而生存下来，并且仍然保持竞争和获胜的实力。它们走出死亡之谷之后，比以前更加强盛、繁荣。

惠普公司成为资产达300亿美元的公司，大多依靠计算机业务的成功，他们是仅次于IBM的第二大计算机公司。

英特尔公司依靠以微处理器为中心的战略，成为全球最大的半导体生产厂家。经过奔腾处理器失误危机而幸存下来的英特尔，实力比从前更雄厚，与客户关系更协调。

NeXT公司仍以软件公司的身份为计算机行业添砖加瓦。

AT&T和地方贝尔公司蒸蒸日上，其市场价值上升到AT&T解体前的数倍。

新加坡港与西雅图港的发展趋势喜人。

华纳兄弟电影公司飞速成为主要的传媒公司。

死亡之谷彼岸的景象代表了一种新的行业秩序，在经历转变之前是很难预见的。未看到这片新天地时，管理者们在脑海中并没有一幅设想图。走过战略转折点的过程中不得不经历一段时期的迷惑、实验和混乱，然后才能理清思绪，确定单一的前进方向，拨开层层迷雾，到达死亡之谷彼岸的目的地。我们必须聆听卡桑德拉们的预言，主动引发争论，不断解释公司新方向使之更趋清晰化。经济损失和人员更换是不可避免的。我们还要认清并接受这样一个事实，即不是所有的人都能安全地到达彼岸，那些无法幸存的人将面临与从前迥然不同的生活。

毫无疑问，穿越战略转折点为我们设下的死亡之谷，是一个企业组织必须历经的最大磨难。然而，当10倍速因素向我们逼进时，我们只有以变应变，或屈服于必然的衰败，除此之外别无选择。

第九章 互联网：信号还是噪声？威胁还是希望？

任何能对收入千亿美元的企业产生影响的东西都是不容小觑的。

写这本书的时候，网景公司的股票上市了。我听说过这家公司，认为它前景颇佳。但是，它的股票在上市头一天就直线上升而且势头不减，确实令我惊讶不已。我不明白为何它会受到如此难以置信的优待。它的确是一家很有前途的公司，越来越多的投资者对它刮目相看，但我认为除此之外仍存在其他原因。

网景的业务前提与正在发展的互联网密不可分。当其他以互联网为基础的公司也像网景一样骤然上升时，投资者对互联网的热衷显然并不逊于对网景的厚爱。

媒体也不落后，长篇的专栏文章以排山倒海之势紧随而来，使以互联网为基础的软件公司如网景和太阳公司，以及微软公司为代表的既定产业秩序三者间的对抗逐渐升级。

情况在发展，情况在改变……

到底什么是互联网

为了那些不熟悉互联网而又惮于提问的读者，我们暂退一步解释一下这个概念。简单地说，互联网就是互相联网的计算机构成的网络。如果你在加利福尼亚有一台个人计算机与互联网相连，你就可以和网上的其他计算机交换数据，无论是在加州、纽约、德国，还是在香港，正如图 11 所示。

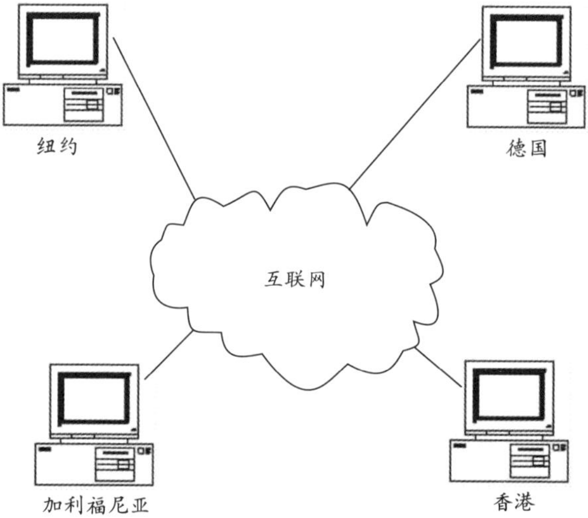

图 11

互联网起源于 20 世纪 60 年代末期政府启动并投资的各大型研究用计算机互联网络。原来的设想是在国家普通电话基础设施遭受核打击而瘫痪之后，以此作为通信方式。随后其他计算机也加入进来。人们开通了越来越多的大学网络、公司网络和政府网络，并与在此之前已经存在的网络再相连。这样，互联网不断发展壮大。它前进的驱动力是这样一个信条：上网的计算机越多，网络的使用越广。我倾向于把互联网中所有计算机之间的连接网络看作一个“相互连接的合作团体”（Connection Co-op）。

要建立这种“相互连接的合作团体”，重要的一点是确定一系列连接规则，以便遵循这些规则的网络能够轻而易举地加入已有的网络。我猜想上个世纪铁路网络的演变发展大概也经历了类似的过程。数不胜数的铁路公司先要在铁轨铺设的尺寸的采用上达成协议。协议一达成，各铁路环线、支线便可接入遍布美国各地的铁路网。货车车厢可以从加州前往堪萨斯州，走过许多不同铁路公司所有的路段，相接处无任何不便。同样，如今在加州发出的一批数据也可穿过许多线路段，穿过许多不同网络的相接处到达目的地，如位于堪萨斯州的一台计算机。换句话说，互联网为计算机数据提供了一个通用的铁轨铺设尺寸。

计算机网络发展至今已有数十年。最初，该网络的作用是使政府和学校的研究人员之间互通信息。它平缓地发展着。后来，互联网又与另一现象发生交叉：由大量互联的个人计算机而形成的局域网（Local Area Network，简写为LAN）。

局域网原是与互联网毫无关联的网络，它是PC机在公司及其他机构数目激增的结果。最初，PC机只用于个人的问题解决，后来它们逐渐相互连接。连接的目的原是共用价格高昂的打印机，后来转变为互相交换数据。各个机构数量众多的个人计算机在局域网内相连之后，人们立刻意识到可将局部区域与互联网相连。二网相连使各公司的内部网络成为“相互连接的合作团体”的一部分。这时，互联网的发展与PC网络的发展合二为一。局域网的加入使互联网的发展呈现一日千里之势。

互联网不仅发展速度骤升，网上用户的性质也发生了变化。原来，网上用户是一些大学的研究人员，他们通过网络互送研究报告和调查数据。数以百万计的个人计算机入网之后，互联网成了连接PC机用户的一种方式。

如此复杂的网络怎么能够跟得上如此迅猛的发展？这完全是因为它是“相互连接的合作团体”。每个公司在加强自身网络的同时，也加强了整体的网络。这就好比在成功的合作团体中，人们为个人利益而工作，就是在为整个合作团体的利益而工作。

互联网的信息传送方式也使传送容量急剧扩大。最早的设想是开辟更多的路径，用以通过长途电话线路传送信息，以便在一条路径不通时，系统能够自动找到另一条路径。这是通过分解数据实现的，一大串数据信息被分解为较小的信息块或信息包，使它更容易被线路上的位流吸收带走。这种方式扩大了传送容量且不用额外投资。它就好比用最后一班飞机运送一批乘客。想找到一大片空座位容纳下这批人已不可能，但是分散开来后，各个乘客就容易为自己找到空座位。航空公司甚至愿意低价出售这种机票，因为他们并不想让机上留有空座位。互联网上的数据包就好比坐在长途电话线上的空座位上的乘客，它占用了其他用户传送的数据包之间留出的空位。这种传送方式极其有效地利用了已有的电话线路网络。

另有两个事件促进了互联网的发展。第一件事是个人计算机升级到多媒体PC机，能够处理彩色画面、照片、声音甚至视频图像。第二件事是CERN（欧洲核子研究组织）的研究员提姆·伯纳斯·李（Tim Berners Lee）研制成功一种极为方便用户的数据连接方式：键入一个关键词（如一个公司名称）之后，互联网上就会展开自动检索，把与该公司有关的所有资料提取出来供你查询。在互联网上，彩色图像和伯纳斯·李检索法相结合的部分叫作万维网（World Wide Web，简写为WWW）。

对计算机用户来说，自己桌上的计算机能成为通向全球各地数百万计算机的窗口，简直是一个奇迹。计算机内的信息能够用彩色画面或照片显示，还能够发声及播放视频图像，更使这个奇迹充满了诱人的魅力。

总而言之，这个奇迹的出现是4个因素共同作用的结果：互联网的不断发展，局域网上的大量计算机通过"通用的铁轨铺设尺寸"与更大网络相连的可行性，多媒体向个人计算机的传播，以及伯纳斯·李的检索方法。正如具有一定组成成分的化学物质能够自燃一样，这些因素使公众对互联网的兴趣陡增。但这是昙花一现呢，还是持久的变化的开端？

我在写这本书的时候，英特尔的年中战略讨论会开幕。会上我将描绘我所看到的商业环境，并提醒大家注意重要的变化。我感觉互联网即是过去一年中最重大的环境变化。

有这种感觉还不够。我还必须回答一个问题：它对英特尔来说会不会是个10倍速因素？如果是，我们该怎么办？

比特和被窃取的眼球

思考良久之后，我认为连接世界各地的计算机影响深远，必然波及许多行业。

互联网是一种通信技术，它自然会冲击电信工业。这种冲击会是10倍速的吗？想一想用电话传递信息的费用。互联网上的数据包传送技术利用了已有的基本设施，高速高效，而且比普通电话通信费用低得多。换言之，互联网上的数据传送是一种比传统电话通信更高效、更低耗的商品化联通方式。

人们把越来越多的本该通过电话传送的信息转化为数据，使互联网的高效性更上一层楼。这好比发送传真与在电话中读文件之间的不同，传真更为高效低耗，因为它能在短时间内传送大量的信息。所有这一切，都意味着电话公司有可能收入日减。

但是，互联网的信息传送也为电话公司开创了新的业务机会。他们可以利用已经投在建设联通设施上的巨额资金。长途电话公司因此陷入两难境地：是拥抱互联网，还是躲避它？

换言之，互联网对于电信工业有利有弊。以短期来看，互联网的发展很有可能是一个威胁；但长远看来，包含图片、声频和视频的数据将使互联网使用范围更广，新的业务机会也随之而来。我们把互联网对电信工业的利弊归纳为表3。

表3　互联网对电信产业的利弊一览表

积极作用	消极作用
1. 带来全新的数据通信业务	1. 传统电话业务可能被数据通信所取代（后者的高效传送不易造成线路拥挤）
2. 利用了在基本设施上的投资	2. 电信业可能会商品化
3. 图片、声音和录像意味着更多的数据（传送量更大）	

互联网同样对软件行业产生了巨大影响。它为软件传播提供了极为便利的途径。试想，在互联网上流动的是一批比特（数位），而一个软件就是一批比特。今天，软件厂家把这些比特装入软盘或只读光盘中，用色彩鲜艳的纸盒包装起来，像洗涤剂或面包一样陈列在零售店的货架上。

但是，用互联网来传送文字处理软件或电子游戏软件中的比特，效率更高、费用更低。既然数位可以从一台计算机自由地流向另一台计算机，那么软件，甚至是大容量软件，也可以从一台计算机流向另一台计算机，甚至流向100万台计算机。不必使用纸盒和货架，也不需要中间人。整个销售过程显然效率更高，软件升级或修改的简便易行更不在话下。

从零售商的角度看看这个现象，他们已经靠销售那种鲜艳夺目的盒装软件创立了大规模的业务，互联网对他们会不会产生沃尔玛超市对小零售店那样的影响？它的确像是一个10倍速因素。

影响软件业的另一因素是互联网为软件的设计提供了崭新的基础。这个基础与互联网上的计算机类型毫不相关，它适用于任何一种计算机。如果软件的设计瞄准这个新的箭靶，会不会令英特尔公司及其他围绕我们的产品建立业务的计算机厂家和软件开发公司门前冷落？对他们、对我们来说，这会不会是一个10倍速冲击？

这还不是事情的全部。所有的媒体公司都将卷入这个旋涡。过去几年中，每家媒体公司如Viacoms和时代华纳都开设了实验性的“新媒体”分部，研究的重点大多设在全球互联网上。在美国的东海岸和西海岸，新公司正如雨后春笋般冒出，专为那些想在网络上占据一席之地的公司服务，当然，也为了知道究竟有多少人对他们公司感兴趣。广告公司也将参与进来。

和对电信业与个人计算机业的影响相比，互联网对媒体的冲击更大。据估计，全球广告费用约为3 450亿美元，目前，这笔费用全部用在报纸、杂志、电视、广播的广告上。通用汽车公司、可口可乐公司和耐克公司等都把巨资投入传统的广告媒体，却对个人计算机业和电信业方面的广告潜力视而不见。这种情况很快就会改变。

媒体产业的前后变化如图12和图13所示。

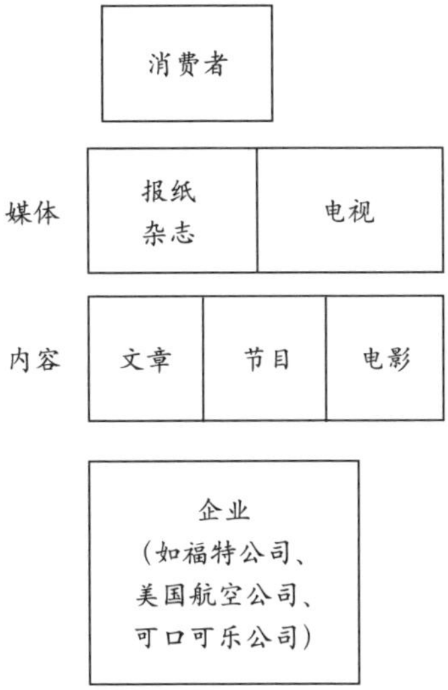

图12 互联网冲击前的媒体产业

从图上可以看出，互联网，准确地说是万维网，是广告企业主——通用、可口可乐、耐克——向消费者传递信息的另一途径。要大规模地利用万维网传送广告，就要“赚足大众眼球”，就是说要把消费者的注意力从报纸、杂志、广播和电视上吸引到万维网上来。如果这项事业得到大规模的发展，显然旧产业即报纸、杂

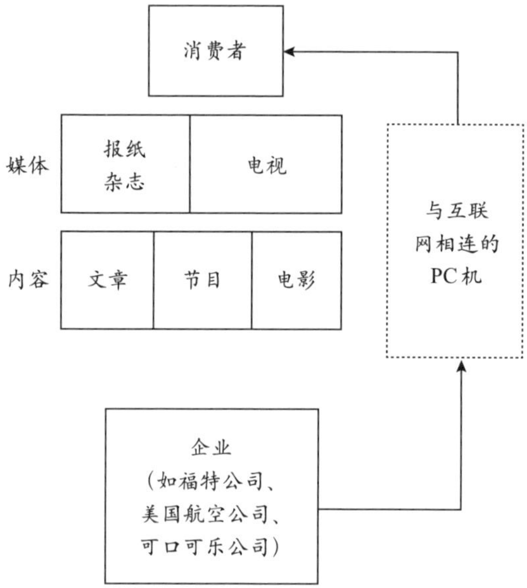

图 13　互联网冲击后的媒体产业

志、广播和电视网络的收入将不如从前，而新产业即联网业（指的是全球互联网创建者与计算机生产者）的效益必将上升。后者的繁荣显然意味着前者的损失。

大规模地在万维网上做商品广告，要求我们从传统媒体中大量转移公众的注意力。互联网上传送的信息应当比如今传统媒体上的信息更加吸引人。为了使计算机屏幕充满活力，已经进行了许多研究实验：如使图形呈现三维立体感的技术，能使观众在其中穿梭往来有如室内漫步；另外还利用高质的声频、视频效果使广告内容更加丰富多彩。所有这些提高与改进都将使万维网上的信息传送效果日新月异，赶上并超过我们所熟悉的电视信息。今后两年内，PC机的生产速度大有可能超过黑白电视机和彩色电视机的生产速度的总和，这表明与互联网相连的PC机将成为电视机的重要替代产品。

媒体产业规模宏大，对新手发展极为有利。当然，新手参加将意味着传统媒体产业的效益下降，除非市场扩大，涉及更大人群，使所有的媒体公司皆大欢喜。我们将目睹新媒体产业的诞生，如果此话不假，那么新媒体产业必然代表一个10倍速变化！

英特尔公司的形势

开始为即将开幕的会议准备英特尔企业环境评估报告时，我要考虑的事情太多了。很明显，如果联网计算机成为新媒体产业的基础，我们的业务将获益匪浅。个人生产力的提高在20世纪80年代促进了公司的发展，员工之间的数据互通又在90年代加速了公司的腾飞。同样，公司在下一个10年将成为商务信息的传送媒体，发展势头仍将不减。为了实现这个目标，信息内容应制作得形象逼真，物体应呈三维立体状，音频和视频技术必不可少。这样大量的信息处理越来越离不开先进的微处理器，我们的业务前程似锦。

但是（总躲不开“但是”），如果互联网上使用的软件能与任一型号的微处理器兼容，我们就不得不面临来自四面八方的竞争。目前，这些竞争者还不能真正算数，因为他们的芯片和个人计算机用户通常使用的软件并不兼容。这样，我们的产品有可能商品化，而且这还不是唯一的威胁。

一些业界人士已在大力宣扬价格低廉的“互联网设备”(Internet Appliance)。这些简化了的计算机，依靠互联网上其他地方的大型集中式计算机来存储和集结数据，并随时向计算机用户传送所需要的软件和数据。有人提出，使用这种计算机的用户不再需要具备计算知识，因为在背后操纵大型计算机将成为可能。这种互联网设备中可使用简单便宜的芯片。这对我们的业务自然大为不利。

围绕这点有许多问题需要回答。最为重要的是，这种计算设备在技术上可行吗？可能可行，也可能不太可行。至少，我们不能违背计算的本质。廉价的微处理器常常运转缓慢。简单便宜的微处理器无法制作足以抓住眼球的信息内容。当然，人们也可以使用25年前还很不错的电视机，它比现在的电视机可便宜多了；但是用户并不愿意使用过时的电视机和计算机，他们要求廉价，却不愿冒技术倒退的风险。

其中还涉及一个关键问题。1995年，用户购买的PC机约为6 000万台。他们的购买动机是什么？我认为他们购买计算机有两种用途：第一是用于处理用户自己的数据和个人应用；第二是通过集体网络或电话系统与其他计算机用户互通数据。互联网的出现使计算机具备了第三种用途，即接收到其他计算机上的、由和你毫无关联的个人或组织制备或拥有的应用软件和数据。每个人都能通过这种覆盖面广且价格低廉的连接方式，即“相互连接的合作团体”，获取这些数据并加以应用。

最后这种用途在今天令人称奇，前景亦不可估量，但是它能够真正有效地代替前两种用途吗？我认为不能。我看这三个方面的应用将会合而为一，遍布这一领域。个人计算机凭借它的完美功能和独特魅力足以灵活地适应这三个方面的需求。只能满足三者之一的计算机设备，与一机三用的设备相比，显然大为逊色。

准备口头报告时，我意识到应当再画一张利弊权衡表，把上述应用都包括入内，如表 4 所示。

表 4　互联网对英特尔公司的利弊一览表

积极作用	消极作用
1. 应用软件更多了	1. 微处理器可能商品化
2. 连线费用降低	2. 大部分功能依赖于集中式计算机
3. 软件传递费用降低	3. “互联网设备”可使用廉价微处理器
4. 媒体业务展开；需要高能微处理器	

威胁还是希望

在讨论上表中的添加内容之前，我来问一个基本的问题：互联网真是一个庞然大物吗？或者只是故弄玄虚？

我觉得它的确是一个庞然大物。任何能对收入千亿美元的企业产生影响的东西都是不容小觑的。

它对英特尔来说是否意味着战略转折点？它是否以10倍速的方式改变了影响英特尔及其互补企业业务的因素？

面对这张利弊表，我觉得我们的客户和供应企业都不会受到强烈的影响。让我们再做一次银弹测验。英特尔会不会把留给当前某竞争对手的子弹转而用在将来某个更具威慑力的对手身上？直觉告诉我，不会。当然，将来的新竞争对手是会出现，但他们将和现在一样地扮演互补竞争企业的角色。我当然不愿意消灭为我们提供新机遇的互补企业。

我的旅伴名单会有变动吗？确实如此，那些原是和我们竞争对手互补的企业，现在生产的软件既适用于以我们的芯片为基础的计算机，又适用于以其他芯片为基础的计算机。这使它们也与我们互补。而且，每天都有新的公司成立，利用互联网提供的机会开展业务。创造性的能源和资金纷纷倾注而入，其中许多是用来开发我们的芯片的新用途的。因此，我的旅伴数目将会增多，而不是减少。

我们的员工怎样呢？他们是否会退出，或感到迷惑不解？我觉得不太可能。我们的许多员工一直在追踪互联网的发展变化，以研究人员的身份和畅销产品用户的身份做了大量调查研究和市场开拓。我们之中掌握这项技术者不乏其人。

我们再检验一下有无战略矛盾。我们的言行是否统一？我们积极地使用万维网互通英特尔公司的信息，与这项业务分支中的关键人物始终保持联系，甚至还和那些提倡在现在就发展不用英特尔芯片的廉价互联网设备的人交换意见。我没有察觉到战略矛盾的迹象。但是作为公司总裁，我很可能是察觉到变化迹象的最后一人。

所有这些都表明，互联网对英特尔来说并非战略转折点。但是，所有这些变化是如此铺天盖地、势不可当，因此虽说传统判别方式否定了它，在心底我们仍感到它确是一个潜在的战略转折点。

我们该做的事

权衡之后，我认为互联网对英特尔来说利大于少，希望多于威胁。但是，我们不会坐等机会的降临。我们（也包括我自己）又应该采取哪些与以往不同的行动呢？

我决定用商务环境评估报告的一半以上篇幅来讨论互联网问题。这个决定虽然下得轻巧，但要堂而皇之地向同事们做报告却不容易。换句话说，我还得学习。

我阅读一切可以阅读的文章，花费大量时间在与万维网相连的计算机上查找材料，了解竞争对手的情况和一些奇闻怪事。我走访其他公司，包括那些第一眼就被我认作敌人的公司，尽管它们致力于向市场推广互联网设备以代替PC机的策略削弱了我们的业务。我还向自己公司里的专家求教如何改进互联网上的PC机。

渐渐地，我得到了清晰的认识。我把报告讲稿收集起来，最终宣读给我们管理层的40多个管理者。他们中的一些人对这个主题比我熟悉得多，但也有些人压根儿没有想过这个问题。听完之后有人评论道："这是你迄今为止做的最精彩的战略分析。"有人却说："你到底干吗在互联网上浪费这么多时间！"不论怎样，我成功地转移了管理层的讨论重点。

涉及互联网时，公司里似乎有一种窘迫的气氛。人们对它的了解比口头透露的要少。公司的传统习惯要求人们对互联网非常熟悉，因此雇员们碍于面子，不好意思问一些基本的常识问题。我觉得他们对互联网的知识了解实际上是极为肤浅的。所以，我们为高层管理者及销售人员开设了实践课程，使他们通过亲身体验获得关于万维网现状的第一手材料。我们希望这门课程能够逐渐弥补他们知识背景上的空白，避免他们在人前直接表现出自己的无知。

应该承认，我自己的知识也是极为肤浅的。但是，随着知识的逐渐深入，我越来越相信，软件业的三种应用来源——个人软件、电话网络软件和互联网软件——将合而为一地成为今后软件业的驱动力。我还相信媒体和广告业的发展将赋予我们越来越多的机会。

要利用这一切，还要解决几个问题。我们的人员组成有必要跟上时代，与新的环境更为协调。我们有了无数的新旅伴，如过去和我们毫不相干的软件公司，正在为它们的产品升级换代的电信公司，还有广告公司、媒体公司和宣传产品的厂家，它们以前并未接触计算机世界，现在忽然意识到应该开始接触，从而希望学习我们的技术。对于这些新旅伴，我们要认识了解它们，与其建立合作关系。

我们有没有时间、精力和公司制度扮演这个复杂得多的角色？为了使公司内部问题简单化，我们必须重新考虑整个企业组织结构，对它加以修饰改进。这样一种变化将波及成千上万的雇员。他们应当明白，公司为什么要对这几年来颇为成功的业务进行改动。

英特尔的经营之道遵循三个集团战略目标指引的方向：第一个方向关系到我们的微处理器业务，第二个方向关系到我们的通信业务，第三个方向则关系到我们的经营计划的执行。此外，我们还补充了第四个目标，把为互联网所做的相关工作背后的必要驱动力包含在内。设定这个目标之前，公司里出现了意见分歧，有些人认为我们应当把与互联网有关的事项归属在前三个目标范围之内。我的看法正好相反，认为应当把互联网独立出来，并使之与其他三个目标并肩同行，这样才能向整个公司宣传有关互联网的活动的重要性。

这就是我们现在的境况。

到了这里，只剩下最后一个问题，万一那些拥护互联网设备的人最后得胜，怎么办？

互联网设备可能会倒退。二三十年前，计算机的发展趋势就是从大型计算机向小型计算机传送智能。我不相信互联网会倒退回去顺应那种趋势。但是，我的想法也正是在这二三十年逐渐形成的，因此，我很可能是最后得知真相的人。

所以，英特尔为将来做准备的过程中还有一步要走。我觉得应当在我们的市场潜力最大的时候走这一步，即组织一批设计制造以英特尔芯片为中心组件的，质量最好的廉价互联网设备。放手让这批人脱离我们的战略轨道，让他们当一当卡桑德拉。让他们及早告诉我们这项技术是否可行，告诉我们现在被我当作噪声的会不会实际上是个强烈的信号，它是否意味着：变化又出现了。

第十章 职业转折点

环境改变而引发的职业转折点同人们主动要求的转折点没有本质的区别。

1998 年，在担任英特尔公司首席执行官 11 年后，我卸任了，我这样做只是正常接任程序的一部分。我一直认为培养接班人是管理者工作的一部分，并且经常重复这种观点。现在，我这么做了，我也希望其他人能够这样做。

多年来，关于我可能的继任者，在英特尔的董事会成员中，在不断形成一种共识。我们经常讨论这个话题，因此，这么多年来，我们不断向可能的接任者施加工作压力。公司内外对我职位的改变已经形成了普遍预期。我继续履行主席的职责，每天上下班，像以前一样参加许多同样的活动。尽管如此，我知道这一定不同了，这种不同还会随着时间的推移而增加。

职业改变总会消失的，这是一种温和的改变，就像它温和地出现一样。但是它仍然使我想起了每年在我们身边出现的无数职业改变。有些就像我的改变一样，非常自然，但更多的是在不利的环境中出现的。考虑一下这一情况：据相关数据统计，1998 年将会出现价值 10 000 亿美元的并购活动。这个数字会极大地改变公司的雇佣结构，也许会改变 100 万人的命运。

今天，在工作中还有许多其他的力量进一步改变了我们的工作环境。我在第九章中讲述的网络狂潮已经成长和加速，正在日益影响无数公司的运营方式。它摧毁了现存的商业模式，创造了许多新的模式。在这一过程中，许多工作发生了改变。

1998 年，亚洲各经济体经历了从飞速发展到突然逆转的巨大转变。这些经济体对新产品和服务的需求带动了全世界经济的增长。亚洲经济的突然逆转产生了巨大的后果，影响了亚洲和世界其他地区无数人的工作。

很显然，如果环境的改变会引发公司的战略转折点出现，那么它们会导致这些公司职员更大的职业转折点出现。

环境改变并不是导致个人职业生涯动荡的唯一诱因。对不同生活方式的渴望或者多年从事紧张工作的厌倦感，都能促使人们重新评估他们的需求和愿望，从而积聚一种力量，足以同产生于任何外部环境的力量一样强大。换句话说，你自身思考和感觉的器官就是你的环境的一部分，这同你作为一个员工所处的外部环境一样。任何一种巨大的改变都能影响你的职业生涯。

那么公司处理巨变的方式是否可以应用到个人的职业中呢？

你的职业就是你的生意

我一直都认为，每个人，无论他是职员还是个体户，都像一个独立的生意人。你的职业几乎就是你的生意，你就是自己的首席执行官。就像一个大公司的首席执行官一样，你必须负责市场力量、阻击竞争者、利用替代者，你所做的事情还有其他的方式，要留意这种可能性。你的责任就是保护你的生意免受伤害，让自己处在可以从工作环境的改变中受益的境地。

随着环境条件发生改变，这是不可避免要发生的，这种“一个人的生意”也要沿着同样的弧状轨迹运动，最后抵达一个临界点，也就是由首席执行官来做出行动的时候了。比如，由你来决定你的职业生涯是向上发展还是飞速下滑。换句话说，你要面临一个职业转折点。

正如战略转折点标志着公司的危机点一样，一个职业转折点也是由工作环境中细微而深远的转变引起的，你的职业未来发展将由你做出的回应行动而决定。尽管那些行动不一定会造成你职业生涯的立即断裂，但是它们的冲击将会及时释放出力量，并产生持久而深远的影响。正如我们所看到的，战略转折点是公司困难时刻的反映，克服苦难的努力在群体成员之中传播。职业转折点对个人来说甚至更为剧烈，因为一切都落在了他的肩膀上。

职业转折点非常普遍。这让我想起了一个故事。在本书第一次出版时，一个商业记者采访我，把我和这个故事联系了起来。这个人曾经是一位银行家，他工作得非常开心，而且业绩突出。但是有一天，情况改变了，当他来到银行上班时，却发现银行已经被另一家更大的银行并购了。短期内，他失业了。他决定转换工作，去当股票经纪人。他知道他必须经历磨难。尽管他对财务问题非常熟悉，但是他知道，银行家的技能同股票经纪人的技能不太一样。因此，他去上了股票经纪人学校，最后成了一名老练的股票经纪人。

短时期内，事情进展顺利，未来看起来充满了光明。然而，在我们见面之前不久，网络经纪公司开始出现。这个人的几名客户离开了他，因为他们更愿意采用成本更低的网络公司做业务。真是不祥之兆啊。

这次，这位老兄决定趁早行动。他一直对写作怀有极大的兴趣，并且也很有这方面的天赋。之前当银行家积累的金融知识，后来做股票经纪人，这方面的知识更加增强了。因此，他开始做一名商业记者，这是一份不太赚钱的工作，但是却不太可能被技术所取代。这次的转变不是创伤，主要是因为这是他自己发起的，同以前的不一样，以前都是由外部环境引发的。

在应对战略转折点时也涉及许多要素。最重要的，也是最困难的——就是要警惕你所处的环境的改变。当你在公司内部工作时，常常会免遭世界上许多事情的侵扰，这些事情都和你所工作的公司的良好运行有关。当你得到这份工作时，即使你在内心深处知道它不可能是你剩余职业生涯中一直要做的工作，你仍然可能会为了公司而默默地放弃自己的福利。但是忽视了你公司运行的环境，就像一家大公司的首席执行官一样，你也可能会是最后一个知道潜在改变会对你职业产生影响的人。

你怎么应付这种情况呢？

精神消防演习

把你的警报系统打开，对你生意中潜在的战略转折点更加警惕，提前进行精神消防演练以防万一。简而言之，对你的职业需要多一点点偏执。

假如你是一家大公司的首席执行官，你必须敞开心扉，欢迎外部的评论和刺激。读报，参加行业会议，同其他公司的同行通过网络联系。在可能与你相关的变革成为必然趋势之前，你或许会听到关于它的流言飞语。因此，你需要仔细聆听同事和朋友的谈话。

在公司里，助人为乐的“卡桑德拉”是那些身处前沿的员工们，他们能够率先感受到潜在的变化，并且把战略转折点的最初消息带给首席执行官。在职业转折点中，“卡桑德拉”可能是关心你的朋友或者家人，他们身处不同的行业或者竞争环境之中，能够推测出你还没有感觉到的变革之风。也许他们已经受到针对你的变革波浪的冲击，也许他们已经在自己的行业内经历了职业转折点，即使他们的行业和你不同，也可以给你传授一些经验教训。

当不同的消息源——新闻报道、业内谣言和公司流言，以及你的“卡桑德拉”全都彼此得到了印证时，那就真该打起精神、加倍留意了。

设想一下，问问自己下面这些问题：

• 这些轶闻暗示了变革可能会发生在你的身上吗？

• 一个重要的改变怎样表明你的处境？

• 你能从公司发布的商业信息中发现这种改变的蛛丝马迹吗？

• 你能从公司的财务状况中预测到这种改变即将在你身上发生吗？

• 你能向老板提出你的担忧吗？

• 如果你受到了这种改变的影响，你会怎么做呢？

• 你的公司受到行业变革影响的可能性有多大？

• 那些行业变革对你的公司而言是暂时的挫折，还是长期行业重组的前兆？其中的区别非常重要，因为你的公司可以从前者中恢复过来，对你的职业不产生任何影响；然而，后者则会对你的公司产生持久性影响。

- 考虑一下其他行业的发展可能会对你的工作引发的连锁反应。当一种新的机器或者计算机系统出现时，它是否会改变你所在部门的工作方式？你是否可以利用这种新技术像以前一样把工作做好？你对学会这种新方法是否充满信心？如果答案都是否定的，你应该怎么办呢？
- 也许你所在的公司败给了竞争对手公司。这意味着什么呢？可能你所处的行业很好，但是所在的公司有问题？或者整个行业正在转变？提出并回答这些问题非常重要，因为你评判事情的标准随着环境而改变。如果你所在的公司正在败给竞争对手，那么你可以继续利用自己的技能，只是需要寻找一种方式从这艘沉船上逃走，跳到一艘更可能成功驾驭竞争海域的船上。另一方面，当这个行业发生了根本变化，而你却不改变自己的技能时，那么你在获胜和失败的公司中都不会有立足之地。这种情况确实可以归为职业转折点。

通过和同病相怜的同事展开激烈的讨论，你可以清楚地发现职业转折点的存在。你需要培养不断质疑工作环境的习惯。通过审视隐含在日常工作中的默许假设，你识别和分析变革的能力将得到磨炼。也就是说，要养成对自己工作环境进行自我内部讨论的习惯。

时间就是一切

就像商业中的战略转折点一样，成功驾驭职业转折点也取决于时间观念。你能发现一些事情可能在发生改变的预兆吗？你已经预料到了一个改变并且为它做好了准备吗？还是你要一直等到迹象确凿无疑时才会采取行动呢？

如果应对职业转折点的战略和应对公司转折点的战略有什么区别的话，那就是，前者更受情绪的影响。这是毫无疑问的，毕竟，你可能花费很多心血才做到了目前的职位。更为重要的是，你已经对自己职业生涯的提升寄予了希望。当有迹象表明你的职业轨迹出现下滑时，你的整个身心都会试图否认这种情况。

你总是努力想使自己相信：因为你是非常优秀的，不会受到这种变革的影响。你会想："这也许会发生在其他人身上，但是和我无关。"这是一种危险的想法。这是"成功惯性"在起作用。由环境变化引发的职业转折点同人们自己改变的职业转折点之间没有什么本质区别。

历史为我们提供了大量的例子。19 世纪初，在英国，随着机器织布机的应用日益普遍，机器织出的布比传统手工布便宜很多，这就意味着整个手工艺人阶层、技术精湛的能工巧匠和普通的织布工全都失去了独立生存的能力，被迫在工厂从事毫无技术含量的工作。自动化的兴盛导致大量马具制造工，技艺超群的和蹩脚的全都失业了。今天，小农场主在同农业的大联合的竞争中努力苟延残喘。没有人能够免受环境改变的影响，无论他感觉是多么技术高超、多么坚不可摧，都是无法幸免的。

否认可能来自两种完全不同的源头。如果你已经在职业生涯中非常成功，那么成功的惯性可能会阻止你认清危险。如果你只是犹豫不决，害怕变革，害怕放弃你已经取得的成就，那么你可能就会不愿意去认清现实处境。任何一种否认方式都需要你付出时间，导致你在转折点或者转折点附近错过行动的最佳时刻。

正如在管理企业一样，人们很少会及早产生改变职业的想法。大多数的时候，当你回顾过去，你都会希望早点做出改变。在现实中，在现存工作的良性发展阶段——也就是一切进展很好时做出改变，比你在职业开始下滑时做出同样的改变要痛苦得多。

再者，如果你是第一个利用职业转折点的人，你就可能在新工作中找到最好的机会。简单地说，早起的鸟儿有虫吃，晚来的只有残羹剩饭。

为了改变而锻炼

早期预感到职业转折点的时间非常珍贵。就像运动员为了比赛而锻炼一样，这是你为了改变而锻炼的时候。设想自己身处不同的角色。尝试了解这些角色。同扮演这些角色的人谈谈。问自己一些相关的问题。问问自己如何才能胜任这些角色。为了大改变而训练自己的头脑。

试验是为了改变而做准备的关键方法。那位银行家/股票经纪人还在做股票经纪人时就开始准备转向商业新闻。这样做有几个目的：提高了他的写作技能，测试了未来改变的可行性和实用性，在放弃主要收入源之前同潜在的商业资源建立联系。在这样做的同时，他证明了如果全身心地投入写作中去的话，他完全可以生活下去。

试验可能有许多不同的方式。可以是第二职业的兼职，正如上述的例子一样；也可以是回到学校做兼职；或者你可以向当前的公司提出要求，接受全新的工作。所有这些都是探索职业生涯新方向、为职业转折点做好准备的方式。

在试验时，要避免随意行动。不要盲目采取措施，不要仅仅是为了朝着同你正在做的事情的不同方向前进。通过对发生在你身上的变革的性质的理解来引导自己。这样一来，这种试验就会推动着你朝着一个方向前进，帮你解决那些变革带来的问题。寻找一些东西，可以让你利用自己的知识或者技能，从而更好地免受你所发现的变革波浪的影响（最好是找一份可以首先利用变革的工作。随波逐流胜于奋起抗争）。

在你开始穿越职场生涯的死亡之谷时，把你想要实现的东西形象化非常重要。问问自己下面这些问题：

- 你认为你所在行业的特性在一两年后会是什么样的?
- 这是你想从事的行业吗?
- 你工作的公司在这个行业中处在成功的有利处境吗?
- 你需要什么技能来促使你在职业生涯中取得新进展?
- 对于你想实现的职业成就，是否有人为你树立了榜样呢?

记得我在第八章中讲述的事情吧，当时我们的总裁戈登·摩尔发表了一个见解，如果我们要从一家半导体公司转变成一家微处理器公司，那么我们一半的管理都必须变成软件型的。这个论述精辟地切中了公司工作方式战略转变的本质，同时也促成了许多人的职业转折点，包括我自己的。即使他没有为我们树立榜样，但至少也为我们提供了一个想法——让我们明白必须学习什么以及必须怎样改变。

同自己对话可以帮你认清现存的职业转折点，对于你的未来的性质的对话将会帮你集中精力，并允许你一步步地稳步前进，而不是在外部世界的驱使下，飞奔前进。

有两件法宝可以帮你穿越职业死亡之谷：清晰和信念。清晰是指对你职业生涯的走向有明晰而又准确的认识：明白你的职业生涯将是什么样的，同时也知道不应该是什么样的。信念是指你穿越职业死亡之谷的决心，出现在职位的另一方面，符合你已经确定的标准。

当一个公司穿越死亡之谷时牵涉到对战略转折点的驾驭，首席执行官要对新行业的前景做出清晰的描述，率领公司全体同人共同穿越谷底。作为你自己职业的首席执行官，你也必须为自己提供愿景和承诺。这两者都令人望而生畏。通过和自己对话，认清前进的方向，半夜醒来满腹疑虑却仍然坚定自己的信念，这两者都很困难。但是，你别无选择。如果消极不作为，你将被动采取行动。

作为一个单个的个体，你只有一份职业，你在职业转折点取得成功的最好机会就是抓住它，集中精力，全力以赴，不能有丝毫的犹豫和动摇。

你必须硬着头皮承认，要把你的职业支持体系、经验和自信恢复到以前的同样水平需要一段时间。你将失去的支持体系的一部分就是身份——一个品牌——公司给你的东西。无论你加盟一家公司或者独自创业，你都必须放弃一个身份，重新打造一个新的。这需要时间和精力，当然，也将测验出你的勇气。但是它也将给你一种独立感和自信感，这将帮你应对不可避免的下一个职业转折点。

一个新世界

经历职业转折点并不是一个轻松的过程，也并非一帆风顺、毫无危险。这需要你充分利用所有的资源、理解你所希望成为的新世界，并具有掌控职业的决心、调整技能以适应新世界的能力，以及应对变革的恐惧和焦虑的坚决。

这有点像移民到一个新的国家。你打好包，离开了一个熟悉的环境，这里的语言、文化和人你都耳熟能详，无论好的、坏的，你都能够预测到。你来到一个新的地方，面对着新的习惯、语言以及新的危险和不确定性。

在这种时候，回顾过去就很有诱惑力，但是产生的不良后果也是非常可怕的。不要抱怨事情本身，它们永远不会再回到过去了。把你全身心的精力都投入适应新世界、学习新技能、塑造周围环境上。旧世界仅存有限的机会或者完全没有，而新世界则为你提供了一个灿烂的未来，值得你为之冒险。

ONLY THE PARANOID SURVIVE

How to Exploit the Crisis Points That Challenge Every Company

第十一章　生命转折点

前列腺癌——它的危害同样是10倍速变化，所以我要更快地做出决断。

秘书的脸出现在会议室窗外。从她的表情我看出是我等的电话打来了，我向其他人说了声“请原谅”，然后赶忙走了出去。出门一问，电话果然是我的泌尿科医生打来的，我立即奔回办公室。

他单刀直入地说：“安迪，你长了一个肿瘤。主要在前列腺的右侧，左边也有那么一丁点儿，属于中度扩张性的那种。”似乎是为了安慰我，他又说道：“幸运的是，它已经转移的可能性极小。”他显得那么的心平气和，就好像我们谈的只是我咽喉炎的化验结果。但是我们谈的恰恰不是咽喉炎，而是前列腺癌。

还是让我从头说起吧。

我的第一次PSA

事情大约发生在一年前，当时为我家工作了20年的家庭医生退休了。1994年秋季，我的新家庭医生为我做了一次体检以建立一份新的健康档案。体检包括了一系列血液测试，除了一项结果以外，所有指标都正常。那是一项叫作PSA（前列腺特效抗原）的检查，我的检查结果为5，而据实验室计算机提供的正常值是0~4。

我不知道这意味着什么。事实上，我不认为我以前做过这项检查。医生给出的结论是："这偏高了点儿，多半没什么大不了的，但我认为你得去找个泌尿科医生看看。"因为他看上去并没把这当回事儿，我也就没太把这件事放在心上。但我还是告诉了自己一个当护士的女儿。她又告诉了自己的一个医生朋友，巧的是这位医生刚刚发表了一篇讨论体检中使用PSA的利弊的长篇论文。我女儿问我是否愿意和他谈谈，我说当然愿意。

不谈不知道

通过这场谈话，我竟然介入了当今医学界最具争议性的一个课题中。用我的话概括起来说就是：PSA检查测量的是一种可同时被正常前列腺和前列腺中癌变组织释放的物质。健康腺体的PSA值少有例外，因此高于PSA正常值可以作为前列腺癌的警报。但这仅仅是可能，并不意味着一定是。何况告诉一个人他的PSA值偏高将导致他进行一系列越来越复杂、越来越痛苦的确诊检查。而且一旦被确诊为癌，患者将不得不做出一系列艰难的选择。对患者来说，没有一种选择是令人轻松的，没有一种治疗方案是绝对有把握的，并且还都会有令人讨厌的副作用，比如失禁或者阳痿。

但是，我女儿的医生朋友又说，前列腺癌不一定是致命的。医学实验结果表明，所有死于其他原因的男人中有半数人的前列腺中有癌变组织。因此，我的这位新朋友说，为什么还要不加区分地让不被怀疑的人去做这个检查呢？它只可能引出更多的检查，然后是一系列的没有一个会令人好受的选择。

他把他的论文底稿给我寄来一份。那是一篇配有图表，充满学术术语的医学论文。但是我从字里行间看出的信息足以使我本来就不高的看泌尿科医生的劲头更加减退了。

那时候正好是 1995 年年初，到了我的休假时间。我准备在山里待一个月，除滑雪外再写一本书。过了一段时间，PSA的问题又回到了我的意识中。手上有台电脑又有点儿空闲时间，我开始在COMPUSERVE上寻找有关信息。要做到这一点并不难，我找到了一个前列腺癌座谈网址。前列腺癌的患者及他们的亲属们在此讲述他们各自的故事，并且互相之间有问有答，十分热烈。PSA这个词儿几乎出现在每一条消息中。

在该网址上我还发现了斯坦福大学泌尿系主任托马斯 · A · 斯坦美博士所写的一篇长长的综述性论文。我把它下载到自己的计算机上并从头读到尾。

我发现了一些基本的事实，比如：1994 年有 20 万个男人被确诊为前列腺癌，其中有 3.8 万人被断言将死于该病。这使前列腺癌成为男性的第二大杀手（仅次于肺癌）。

论文分析说前列腺癌的死亡率之所以如此低，是因为大多数前列腺癌并不是扩散性的。我却想这会不会是因为大多数前列腺癌患者是在老年时期被发现的，因此他们可能等不到前列腺癌发作就先死于其他疾病了（这对我可不是一个好兆头，我才58岁而且身体一直十分健康。因此斯坦美博士的这番理论并没让我轻松多少）。

接着，文章又谈到了治疗方案的选择。我女儿的朋友是对的，所有的方案都不怎么样，最为常见的办法是手术切除。这就是说得切掉整个前列腺体，然后再重建相关的内脏器官。这是一个大手术，恢复期会很长并且副作用相当多。斯坦美博士只在他的文章里暗示了一下这种手术会有多糟。我在座谈网上看到一个做过此手术的飞行员写的帖子，真是苦不堪言。他说手术使他失去了健康、工作和家庭。这真使我十分苦恼。

但是从这篇论文我得到了一个极为重要的知识，就是PSA是肿瘤大小的标志。我的数字5意味着我的肿瘤有一块方糖那么大。我试着想象自己身体里有一块方糖大小的肿瘤，这让我不寒而栗。

有篇文章里提到一本由一名前列腺癌患者和他的医生共同写的一本书。我订购了一本，并从假期回来就开始读。那是一本很值得一读的书，书中全面地列举并综述了各种治疗方案，但却没有做出任何承诺。它原本地反映了文献中的种种矛盾，却没能指出一种最佳的治疗方案。

我又回到医院，重测了一遍PSA。当然我期望出现一个不同的值，比如4什么的（正常值的上限）。我这样做的目的是想知道以前的测试是否真的准确无误。我把我的血液标本分成两份，分别送到两个实验室。不幸的是，我的期望——完全不同的数值——并未出现，一个值是6.0，另一个是6.1。看起来那块“方糖”还在长大。

这些检查终于使我坐不住了。我去看了一个泌尿科医生。他先用手指检查我的前列腺（这叫作手指直肠检查），并没发现什么。但因为有PSA值在，他一周后给我做了回活组织检查（不是令人舒服的一次经历，但也谈不上可怕）。活检的结果呈阳性，这才有了前面“安迪，你长了一个肿瘤”的说法。

调查研究

我再次去泌尿科医生那儿的时候，他把几种选择摆在我面前：手术、放疗、冷冻手术（即用冷冻的方法毁掉肿瘤），最后还有一种，就是什么都不做，听天由命。后者被委婉地称为“期待的等待”。他还告诉我，在我这种情况下“手术最有可能除掉肿瘤”。他让我觉得其他的几种治疗办法都比不上手术。

他向我列举了手术可能引起的并发症，但又保证说：“别担心，对付每种并发症我们都有一手儿。”他诊室的墙上挂满了各种新奇玩意儿的招贴画，比如阴茎移植和真空泵之类。我知道这些都是为恢复性机能而制作的装置，但它们只激起了我对中世纪酷刑的联想。我又被送进医院做两个更为复杂的检查。第一个是骨扫描，他们用一台仪器扫描我的全身骨骼，寻找转移的迹象——后期前列腺癌患者癌细胞有向骨头扩散的倾向。第二个是MRI，一个又长又不舒服的过程，寻找转移到腹部的迹象。两个检查结果均为阴性，但我的感觉是它们都不是十分精确，所以很有可能有什么病它们却查不出来。

我还想知道更多，因此我给认识的医生打电话，得到一堆各种治疗方法的权威医生的姓名和电话号码。我还决定重新开始我的调查工作。这一次，我准备从阅读最原始的文献入手。我从我买的那本前列腺癌患者写的书上抄下第一批书名，由我妻子到斯坦福大学借回来。从此，我的生活走上了新的轨道。

白天，我打电话预约看医生。这真是一桩苦差事。那些医生总是不在，而等他们打回电话的时候，我又总在开会，因此预约一次总要打六七个电话才行。晚上，我阅读医学论文，总结论文中的数据，或将不同文章中的数据进行比较。当有什么新的参考文献引起我的兴趣时，我就让我的妻子下次去图书馆的时候给我捎来。这一套程序让我想起年轻的时候我就是这么学习半导体知识的。

与此同时，生活还要继续。这对我反倒是件好事，因为这意味着只有在做我的调查研究的时候才会想到癌症。唯一受影响的是睡眠时间。好在前列腺癌在很长一段时间里都没有症状表现，我的精力一如既往，足够承受住额外的工作量。

一开始，那些论文混乱得让人吃不消。但我越往下读越清楚，就跟我 30 年前学习半导体时一模一样。这多少在我这次挺吓人的经历中，增添了一种奇怪的乐趣。我永远记得我第一次穿过医院里一道写着“放射肿瘤室”的门时那种毛骨悚然的感觉。

每一次就诊都会引出下一次就诊，每一篇文章都会引出更多的文章。一个医生朋友按照我给他的专家名单在计算机上进行了一番检索，将他们近 6~9 个月发表的论文，即在我现有的参考资料出版之后写成的文章，搜集给我。其中不乏对我整个调查研究颇有价值的资料。阅读它们使我摸到这个领域发展的脉搏，既包括最新的发现，又蕴含着各种矛盾和冲突。

每一个医学专业——不论是外科手术、冷冻手术，还是放射学的不同分支——都说自己的方法是最好的。我听了一个名为“向前列腺癌宣战”的多学科医学会议的录音。我可以感觉到贯穿全会的、隐藏在表面客套下的那种强烈的相互间的不以为然。我从中得到的印象是，在社会上的每个人所说的话正是他上一次在类似会议上谈过的，也是他下一次会议上将要说的。唱高音的永远只唱高音，中音的永远只唱中音，低音的也永远只唱低音。患者的身家性命依赖于思想的交流，而不是这种孤芳自赏，我意识到我得自己来做这项跨专业的研究了。

我的收获

我学到的最重要的一点是PSA的使用彻底改变了整个前列腺癌领域。PSA的使用仅始于10年前，但它的出现使一切在时间上都提前了。一般说来，PSA检查使前列腺癌的诊断比用其他方法，比如手指直肠检查，提前了5年。

这不仅使我们可以更早地进行治疗，从科学的角度来讲，更重要的是我们终于能够依靠PSA测量复发率，从而比较不同治疗方案的效果。过去通常需要10年以上才能用DRE等临床手段查出复发情况，现在由于PSA可以早得多地发现复发现象，人们对各种疗效的了解过程大大加快了。

因为PSA检查能加快对肿瘤的发现，你就比以往更有机会尽早开始治疗。我遇见的一个医生对我说，在PSA值相对较低的时候接受任何一种治疗，效果都不错。与此相反，等PSA升高，哪一种治疗恐怕都救不了你的命。作为肿瘤大小的标志，高PSA值意味着肿瘤很大，而大肿瘤一般都已扩散到前列腺以外的其他部位并且多半开始转移。

一听此言，我大惊失色。我去医院做了超声成像检查以确定我体内的肿瘤的形状和位置。多数超声波仪器的图像十分模糊，以至于一般不把它作为一种诊断手段。但我去的是一所大学医院，他们的仪器十分精密，再加上由专家来做，准确性大大提高。检查发现我的囊外扩散，即肿瘤扩散到前列腺体以外的概率是 60%。我听后非常沮丧，但我很快发现这一点儿也没什么好奇怪的。

我看到的最有用的一篇文章可能就是最近由约翰·霍普金斯大学的一群医生们通过对 700 名患者手术后 10 年的情况进行调查而写的报告。在调查中，他们将临床发现，即每个病人手术前的检查结果，如PSA值、手指直肠检查确定的肿瘤大小，以及活检结果等与病理学家手术中的发现联系起来，并制成表。这个表十分有用。它使我能在一分钟内通过术前的检查结果，查到可能的癌症特性的统计数字。我的PSA值为 6，肿瘤主要位于前列腺内的一侧，活体检查为中度扩张性。当我把我的一套检查结果放到表中相应位置上时，它显示出我的囊外扩散可能性，正好是 60%左右。

这个表的意义在于它指出了手术后癌症的复发率与术前的医学检查之间的关系。它表明了尽管这些病人在深思熟虑后被认为是适合做手术的，并且他们的手术也是由全国最优秀的前列腺外科医生做的，但很多人还是又复发了，他们的PSA再次升高说明了这一点。当把这些病人分类，数据显示那些癌组织完全在前列腺内部的，复发率最低；有囊外扩散的病人复发率较高；而癌细胞已穿透到前列腺邻近器官的病人，复发率最高。从这些数据中我可以看出手术好像在PSA较低的情况下效果最好。

以我为例，如果我没有出现囊外扩散的话，数字表明假设给我做手术的医生很棒，我10年内的复发率只有15%。如果确有囊外扩散，我在相同时间内的复发率将达60%，而我又有60%的可能性属于后者。计算一下这些数字表明我10年内的复发率为40%，这个比例并不让我满意。很显然，即便是一切顺利，手术也不是对人人都有效。

然后还有后遗症的问题。正是COMPUSERVE上的那位飞行员所说的，术后可能会很糟。糟糕的程度在于我看的是谁的数据了。据写论文的医生所言，后遗症并不可怕。但我还读了一篇直接询问病人得来的报道，却发现关于失禁和阳痿的情况要严重得多。这不得不让我猜想：到底是病人在向第三者描述病情时比向自己的医生描述时更容易悲观呢，还是在第二篇报道中的病人更具代表性？这反映了全美国的泌尿科医生——而不仅仅是少数优秀医生——的普遍水平。但不管怎么样，这足以刺激我去了解其他种类的治疗。

其中最引人注目的要数体外放疗了。手术是靠切除肿瘤以至全部前列腺，而放疗靠的是轰炸性地摧毁前列腺部位的病灶，并且是有选择地针对癌变组织而不是健康组织进行摧毁。然而医学界就这一点争议很大。因此，尽管看起来大家都赞同放疗的副作用比手术小的观点，但它的疗效却是另一个问题了。

因为大多数泌尿科医生都先入为主地认为手术效果最好，所以要想了解放疗的疗效就特别难。于是，比较年轻和健康的病人，尤其是那些肿瘤较小因而被认为是手术的最佳人选的患者都被选去做手术，只剩下年老的和身体不好、肿瘤也比较大的病人去组成接受放疗的主体。后面一组人的疗效当然较差，但这又被反过来当作送早期病人去手术、晚期病人去放疗的证据。

然而在近几年，随着越来越多的PSA值较低的患者克服了这种偏见而选择了放疗，有数据显示在肿瘤早期进行放疗的疗效也越来越好。我读了一篇把放疗结果与病人最初PSA值进行对照的论文。当我把放疗结果和手术结果的数据放到一起，尽量使它们的原始PSA一一对应时，我发现疗效相差并不多，至少手术后5年是这样的。

当年我研究半导体设备时，我就学会把我的结果和其他人已经发表的结果加以比较，并且对任何不同之处做出评价。但在医学领域，好像没那么回事。医生们主要关心的是发表他们自己的数据；他们通常不把自己的数据和别人的进行比较，即便是在他们自己的领域也是如此，更不必说用其他方法治疗哪怕是同一种病了。所以我就一直不停地做着这种比较研究。

这时候我读到了另一种放射技术。即把带放射性的种子直接植入前列腺体内。这并不是一个新发现，几十年以前就有人尝试过，但没成功；好像是因为种子安置得不均匀，中间留下不少“冷点”，使得肿瘤消灭得不够干净。

近几年来，这项技术得到了改善。依靠超声仪的帮助，医生们可以把种子放置得比以前均匀得多，并把“冷点”的概率降到最低。种子在身体里待上6~9个月，放出辐射。种子的辐射能量最终将消散，而种子将一直留在原处。种子疗法一般和体外放疗法结合使用，就是为了确保没有遗漏；就算种子在前列腺体内的位置变了，该组织里的每一处都将得到一定的辐射。

尽管在我的参考书中提到了种子疗法，我却找不到近期出版的有关它的好论文。我给放射性种子生产厂家的技术服务部打了个电话，从他们那儿得到不少信息。至少从5年疗效来看，这种方法很不错。技术服务部的人还给了我使用这种技术的几位医生的姓名。就在这时，有人出版了一篇包含几百个接受种子和体外结合放疗法病人10年后数据的论文。和其他论文不同的是，它把结合放疗法的病人的治疗结果和出版过的最好的手术治疗的结果进行了比较。总的说来，两者非常接近。

好像还嫌事情不够复杂似的，一个医生朋友传真给我一份关于一种新的治疗方法的文摘。这是种子技术的一种变化，叫作高剂量放射。在这种技术里，一个个高放射性种子，一头系着线通过数条空管被暂时插入前列腺内。整个过程在病人局部麻醉的情况下进行。其疗效甚至好于一般的种子治疗，尤其在降低副作用方面可谓更胜一筹。这两种种子疗法中最让我心动的是它们的复发都不在原发区，这意味着就算癌变复发了，它也不会出现在前列腺处而是身体别处的某个部位。这表明结合放疗法在除掉前列腺内的肿瘤方面确实有效。如果在治疗时肿瘤已经转移，那就没有任何一种治疗方案（不论是手术也好，放疗也好）能有回天之力了。

无论如何，这些事实足以使我采取行动了。我准备去看的两个医生恰好都在西雅图。一个采用将种子留在体内的疗法，另一个采用将高剂量种子短期植入体内后取出的疗法。后者的疗法对我有独特的魅力。很显然，它使人可以计算并控制放射性种子在体内的时间，从而最终使得辐射的威力正好与肿瘤的大小、形状和位置相符。比方说，我的肿瘤在前列腺右侧，治疗时就可将放射的重点放在该侧，而不至于使整个前列腺受到高强度的辐射。这是一项可控制的技术，是一种个性化方案。

我的医生把高剂量放疗比作“聪明弹”，而体外放疗甚至是种子植入更像是地毯式轰炸。这十分重要，因为放疗的副作用来自周围器官，如尿道和直肠对放射的敏感。如果能大量地杀死癌细胞而将辐射对邻近器官的影响减至最小，从理论上讲，患者就能得到最好的疗效，产生最少的副作用。事实上，这正与我的医生治疗的结果相符。我坐在他的办公室里，倾听着他的方案，然后问道：“如果你得了我的病，你会怎样？”他犹豫了一下，说：

"我可能会做手术。"我充满困惑地离开了，但没忘记带上从两名医生那儿弄来的更多的未发表过的数据以便丰富我的表格。

据说还有一种疗法：冷冻术。这种方法无须开刀切除肿瘤也不用放射线将其摧毁，而是医生用蘸满液氮的线团在麻醉状态下插入前列腺将肿瘤冻掉。我找不到任何确凿的疗效记录，而且它的副作用似乎不在手术之下，因此把它划在考虑之外。

我还发现一种最新的观点：不论放疗还是手术，只要辅以服用某种睾丸抑制激素便可使肿瘤收缩，从而提高疗效。我想，收缩的肿瘤会比较好切也比较好摧毁一点。因为激素既有助于手术又有助于放疗，我便按照"聪明弹"放疗医生的建议开始服用激素了。激素自有其副作用，虽说是暂时的，但我还是开始轻度拉肚子并且性欲全无。

与此同时，我继续去看三位知名医生。他们都坚决地反对结合放射治疗，或是任何一种放射疗法。例如，其中的一位指出那将导致直肠开口术（这差点儿把我吓了个半死）。另一位说除了手术，没有任何治疗方法可以使PSA值降到0。这使我大惑不解，因为有些PSA值是前列腺体组织本身释放的而放疗并不毁坏前列腺体组织，为什么不让患者在治疗后保留一点PSA值呢？我们的谈话总是越来越激烈，而我的问题也总是得不到解决。

为了寻找对策，我给"聪明弹"放疗医生打了个电话。使我惊讶的是，他对此争端的态度十分公正平和，即便是在他揭穿问题的实质时也是如此。比如他从来没遇上过一例需要做直肠开口术的；他分析到那只可能在最早的病例中出现，那时直肠被过度放射所伤。他向我保证，以今天的技术，绝不可能再出现那样的情况。

这听起来不错，但我还有最后一个问题："那么，为什么你自己还要去做手术呢？"他想了一下，最后说："你知道，在学医的全过程里，教授们总是向你灌输治前列腺癌就得手术这一金字法则，我想它还在左右我的思维吧。"

我的调查研究继续着。我和采用了不同疗法的人交谈，包括两个采用了"聪明弹"的患者。等我的调查全部结束的时候，我已经和15位医生和六七个病人谈过了，我得到了一些重复的信息。我把找到的全部相关数据联系起来，很明显，有时癌症会随着时间的流逝再度出现，不论是用哪种疗法，每一种疗法的效果差别都不会很大。它还表明，不论哪种情况的复发，其比率都是缓慢地逐年上升，如5年时疗效是好的，10年时也必然会好。

无论如何，是下决心的时候了。

我的决定

1995年7月，我和妻子还有几个朋友一起做了个为期一周的自行车旅行。每天骑几个小时车的感觉真不错，这让我暂时远离了那些烦人的数据。而就在我骑车的时候，脑子里还是免不了思考我的问题。渐渐地，想法越来越清晰。当我把这些想法写在纸上，看上去就像一张资产负债表：

赞成手术方案：

这是公认的首选：每个人都认为这是比较好的方案。他们会不会都错了？如果肿瘤确实只在前列腺内部，这个办法看起来不错。

赞成种子加放射方案：

并发症看来较少，如失禁和阳痿。最重要的是这种办法简便易行。如果肿瘤已发展到前列腺以外，放射仍有效，因为体外放疗的有效范围大于前列腺体本身。

我把这张纸看了又看，总结出如果我确实知道肿瘤在前列腺内部，我就去做手术。如果我确实知道它转移了，我就采取结合放射疗法。数据表明两者概率相当。

外科医生爱出的反对放疗的一张牌是长期效果，即10年以上的疗效手术明显好于放疗。其实这在我的数据中并不十分明显。PSA值出现至今不过才10年，因此依我看，手术和放疗的可比数据充其量不过10年。但我突然想到，即便是在我看来更胜一筹的结合放疗也只能多给我10年的健康，这简直比出钱买10年的缓刑还贵，更不必说我将付出的肉体上的痛苦了。我做事情有一个原则：往前要了解到10年以前，往后要了解到10年以后。PSA值出现在过去10年中，而它正在改变着前列腺癌的诊断与治疗。因此我推测，往后10年里将发生一些重大的事情。

然而我的这一套理论的基础是：结合放疗的疗效与手术相当。所有的外科医生都否认这一点，放射科医生们的肯定又好似底气不足。我又回到我的数据和分析上，它们都显示出疗效是一样的——种子也许还要好些。

> 我决定用我自己的表格赌一把。旅行进行到一半的时候，我打电话预约了几周后接受高剂量放疗。

治疗

“聪明弹”医生说如果我能再做一次比上一回更细致的MRI将帮助他的“武器”更好地定位。我的运气真是好极了。那所有此设备的大学医院正好在试验一种新技术，可以把一种化学物质注射到体内，使其与MRI机的磁场发生反应而在前列腺表面形成红点勾画出肿瘤图像。我对这项技术佩服得五体投地。我可以清楚地看到肿瘤所在的位置，令我欣慰的是，看起来我的肿瘤没有扩散到囊外，它的大小果然如方糖那么大。我让他们把这张照片尽快寄给我在西雅图的医生。

然后我就动身前往西雅图了。我必须在星期二早上5：30前赶到医院注册。星期一我的工作很忙，这真是太好了：让我没时间去想星期二的事。但是当我坐在晚班飞机上，抛开了白天的一切，在没有电话、没有计算机的时候，焦虑笼罩着我。尽管妻子陪在我身边，我却不想说话。

第二天一早，我上了手术台。一开始和非手术病人没什么不同：各种各样的提问，护士问着十分相似的没完没了的问题，量体温，验血，如此这般。然后是麻醉，虽然说的是局部麻醉，它还是让我几乎不省人事。手术过程中，他们是怎么在我的前列腺上插了16根空心针的，我完全不记得了。我只记得有个泌尿科医生（手术是由一个放射科医生和一个泌尿科医生共同完成的，后者的责任是把空心针插入正确的位置）。当我从昏迷中苏醒过来时，那个泌尿科医生向我演示他是怎样通过一根插入我尿道内的光纤电缆，将那些针准确地插到位的，那看起来就像是把针一根根朝他的眼睛上插过来一样。真是奇怪。

我被推进了一个CT扫描仪，以进一步检查针的位置。后来我看到我身体中插着那一根根针的照片，让我联想起豪猪。接着他们开始做放射分析。根据我的前列腺的形状和大小，肿瘤的情况以及针的分布，他们得算出放射性种子顺着空心针进出的时间。我的MRI结果这时候正好用得上。医生们以MRI提供的肿瘤图像为根据做出他们的计算。

做计算的是两个年轻人。他们看起来不像是医生，倒像是在给INTEL公司设计芯片。他们一算起来就没个完。我终于忍不住了，问道："你们用的是什么计算机？"他们认真地回答是286，那是我们13年以前推向市场、4年以前就已经停产的产品。

其后的48个小时里，我4次被推进放疗室。每一次，由一个机器人似的玩意儿把放射性种子一个接一个塞进空心管，然后就算大功告成。他们取出了所有的针之后，我的医生十分高兴地向我表示祝贺："您可以出院了。"

第二天，我飞回了家，到家的第二天，我就上班了。一共加起来，我只请了三天假。随后，大概过了两个星期，我就一切正常了。于是，体外放疗阶段开始了。作为补充治疗，体外放疗共做28天，每天只不过几分钟的事儿，却实在很麻烦。

每个工作日的早上7：30我都得赶到附近的医院，脱衣服，做放疗，穿衣服，然后去上班。放疗做了一周以后，正如他们预测的那样，我每天下午开始觉得疲倦。我就每天下午4点下班，而不像通常是6：30或7点。到了家，我睡上个把小时，然后起来，打开计算机，把一天的工作做完。

有时下午较晚的时候有会，我就去附近的旅馆开个房间，睡上一个小时，再精神抖擞地回办公室开会。我也顾不上别人对我下午去旅馆开房间怎么想了，但愿他们别往坏处想。

让我最恼火的是，我的体重增加了，可能是因为我不得不改变食谱的缘故。由于我的肠道受到副作用的影响，我不能吃粗纤维，而只能吃些更油腻的东西。我 5 周内长了三四磅，这对我来说是够多的。

28 天终于过去了，我挺过来了。不再有什么激素反应，放疗，午睡啦。一两周以后，我开始吃蔬菜，开始减掉增加的体重，并重新获得往日的精力。最重要的是后者。放疗后 3 周，按照日程表的安排，我将在瑞士日内瓦召开的电信 '95 大会上发言。发言稿的准备很不容易，而且这是我职业生涯中最重要的一次演讲。在电信 '95 大会和其他活动的间歇，我游览了欧洲。全过程中，我身体的各个系统工作正常，一切都和以前一样。

也不能完全这样说。就在我刚刚结束放疗时，他们检测了我的PSA值，从这开始，以后我一辈子都离不开这种以发现复发为目标的检查了。尽管疗效不错，至少从情感上它也将提醒我，事情已经不可能完全“和从前一样”了。

从那时起至今已有半年，我经历了 3 次PSA值检查。我的精力、健康、身体机能（包括性功能）好像和以前没什么不同。然而，每过一段时间我都得面对一次PSA值检查的威胁。尽管前 3 次检查结果都很好，我知道这种恐惧将在我往后的生活中一直存在下去。

经验之谈

通过这次前列腺癌的亲身体验，我得出如下结论：

首先，肿瘤总是要长大的。有时它们长得快些，有时会很慢，但总是要长的。因此，我认为对待肿瘤，应该果断地及早采取有效措施加以解决。

以我为例，我采取了荷尔蒙加高剂量植入辐射加外部辐射的方法。而对其他人，如参议员多尔和施瓦可夫将军，则是手术比较有效。如果我的好朋友得了这个病，我的忠告是："调查、选择、去治疗——而且要快。你需要采取主动进攻的态度。消极等待只能更糟。"

所有的争论都不复存在，PSA值检查是上帝赐的礼物。除了不患癌，它给了你能得到的最宝贵的东西——时间。我不能苟同我女儿的医生朋友的观点，认为只因没有完美的治疗方案就该否定做PSA值检查的意义。按照他的观点，是否我们也应该取缔手指直肠检查？毕竟，它们的作用是差不多的：它们都是前列腺癌出现的信号。PSA只是在时间上早些罢了。

我认为每个中年男人都完全有必要定期进行这项检查。基于有些前列腺癌发展得很快，我建议把检查周期定在一年。你应该像熟知你的胆固醇指标一样了解你的PSA值。记住，它是一个信号。PSA给你的是提早行动的时机。千万不要坐失良机。

我把这段经历和从中学到的东西与几个朋友和合作者谈了谈。我了解到他们中有三个人PSA值超标。他们都感到担心和疑惑，但却什么都没有做。我还有个朋友，他家里有两个亲戚都得了前列腺癌，这意味着他自己患此病的可能性高于普通人，但他却从来没做过PSA检查。每当我召开工作会议，看着眼前的那群同事们，我真想冲他们喊一句："你们这些家伙知道自己的PSA值是多少吗？"

在这个领域里没有一个好的把关人。不能过分相信你的全科医生，因为前列腺癌的领域非常复杂和多变；也不能过分依赖泌尿科医生，他们会很自然地偏向于手术，因为他们是外科医生，手术是他们最了解的。他们会说其他任何一种治疗方法都注定是试验性的，即使它有同样多的相关数据。但对这些数据的分析使我得出结论，即可行的非常规治疗是存在的。

这一切让我想起第一次进行投资咨询时令人不快的经历。

过了一段时间，我终于明白了，那些投资顾问，不管他们的本意有多好，有多大才干，他们总是偏向他们所在的机构。我总结出我得自己给自己拿主意，我得自己把自己的投资管起来。与此相仿的是，在诊治前列腺癌的这一医学领域里，每位患者都别无选择地面临这样一种状况。如果你自己管理自己的投资，那么我想你也应该自己管理自己的生命。做做调查研究，得出自己的结论，别把任何人的话当成圣经。对刚入门的人来说，先找出你的情况在Johnskin表中对应的位置——它们应该被看作是前列腺癌患者的权益书。

依我之见，正确的答案只有在医生比较了各种不同治疗方案之后才能得到。做到这一点，最好的方法是做比较性的工作。坦白地说，我对我在这方面的经历并不觉得有多了不起。在史坦美博士的文章（就是我刚开始这一艰苦历程的时候从COMPUSERVE里下载的那篇）中，他说道："……当面对一种我们所不能理解的重病时，(我们每个人）就变得像孩子似的害怕了，并且四处找能告诉我们该如何去做的人。对医生来说，他们的最高责任就是向病人提出对医治前列腺癌的各种选择。"我认为我们离这一理想还相距甚远。

附录 英特尔与微软的对话

安迪 · 格鲁夫与比尔 · 盖茨进行公开对话，对他们合作中的分歧直言不讳。

自1978年开始，英特尔公司总裁安迪·格鲁夫和微软公司总裁比尔·盖茨联手，建立了美国有史以来最赚钱的商业同盟。他们在近20年之内，通过竞争与互补的崭新商业合作方式，从称霸世界的苹果电脑和IBM手中夺得了个人电脑产业的霸主地位。近几年来，两巨头又先后生产出更高效的微处理器和Windows软件，更在个人电脑方面独执牛耳。直到今天，即使在互联网的时代，他们仍高踞其上，有计划、有步骤地利用联网电脑，改变着从电话到电视的方方面面。

尽管格鲁夫和盖茨的商业同盟在个人电脑领域无可匹敌，但他们并非天造地设的合作伙伴。他们都固执、洞察力敏锐，对事物有独到见解，但他们身上的不同之处太多。盖茨现年40岁，是西雅图上流社会的子弟，在优越的环境中长大，哈佛大学肄业。格鲁夫已经59岁，出生于匈牙利，年幼时经历过纳粹的残暴统治；后来到美国，读完大学及研究生课程，最终获加州大学伯克利分校博士学位。盖茨人到中年，开始发福，看上去有点玩世不恭；格鲁夫神采奕奕，衣着讲究，像个商业节目主持人。

最近，两巨头应一家新闻机构之约，在美国帕洛阿图城进行一次公开对话，披露了他们合作中的一些轶事，对电脑的发展表达了自己的看法，而且对他们合作中的分歧直言不讳。

盖茨：那是在 1978 年，我第一次见到格鲁夫，那对我们来说可是件大事。当时微软只有 11 个人，而英特尔已有 1 万人。多么悬殊的差距啊！

格鲁夫：从理论上说，我和比尔每季度见一次面，事实上每年两三次。会谈轮流在各自的总部举行。每次会谈前，双方的下层管理人员都会磋商，设定议事日程，然后我们开始会谈。每次会谈常常持续四五个小时。

盖茨：在 20 世纪 70 年代末、80 年代初，微软同英特尔签订了多项开发合同。最初的几年，我和你很少见面。有一点还记得，英特尔的联系人忽视微软的存在；我是说，他对微软的某个项目毫无反应。为此，我去你处与你共进晚餐，而你却大发雷霆。

格鲁夫：那可不是个愉快的晚上。我记得连厨房的人也跑来看我们吵些什么。在这之后，只有我吃完了自己的那份饭。

盖茨：是呀，我们的观点大相径庭。

格鲁夫：自此之后，我们两家公司里的职员继续往来，做生意，而我们俩却很长一段时间不说话。

盖茨：几年后我们才又一次共进晚餐，并开始定期会晤。微软同英特尔一起，努力开发一种更简单、快速的微处理器。

20 世纪 80 年代以前，苹果电脑是个人电脑产业的霸主。80 年代初，IBM 采用了英特尔的微处理器和微软的操作系统，取代苹果电脑而成为个人电脑产业的老大哥。与此同时，英特尔与微软也成为个人电脑产业方面的巨人。

格鲁夫：但在 1986 年，IBM 失去了对个人电脑的控制，原因是他们不愿采用我们的 386 微处理器。正是那时，康柏公司闯入个人电脑领域，因采用我们的 386 微处理器而迅速崛起。这时，我们就不再是两个新手陪一个老手游戏了，我们转而成了平等的竞争对手，那位老手不再出现。

盖茨：是的，康柏决定在 IBM 之前采用 386 系统是一个伟大的转折。不过，它还未能在电脑功能方面处于领导地位。自那以后，个人电脑工业没有领导者，我们俩都觉得有必要、也有机会去填补这一空白。在最后几年中，我们双方的合作更为密切。

自 80 年代后期起至今，英特尔和微软填补了这一空白，成为个人电脑产业的霸主，建立了牢不可破的地位。

我们最近一次出现矛盾是在去年：贵公司的伙计们开发了一种无须添加硬件即可让个人电脑拥有多媒体功能的软件。那是个好主意，但问题在于你的软件与“Windows95”不兼容。

格鲁夫：这些矛盾的发生是因为我们的事业各有侧重点。去年，微软在做他们有史以来最大的事情，即发布“Windows95”。他们专心致志、沉浸其中。我承认，当时我们没意识到，我们开发的软件事实上与“Windows95”是不兼容的，这就产生了我们之间的矛盾。

盖茨：去年夏天我们一起在圣何塞吃饭，我在那儿第一次清楚地说明了问题所在。我说：“你们那些伙计们没错，他们精明得很，但你们搞的东西与‘Windows95’不兼容。”在这之后的一段时间里，我们达成一致：只要目标相同，我们就共同发展好了。英特尔明智地放弃了，这值得赞扬。

格鲁夫：其实我们别无选择。基本上是我们投降了。

盖茨：不，那不是投降。如果英特尔真的发布自然信号处理系统软件，那对你自己也没有任何好处。使我们无可匹敌的一个重要原因，是我们精神上的相互依靠。有人问过我：“如果微软不与人合作，它能成功吗？”那天晚上，我看着微软和英特尔利润增长的图表，心想：这是怎样一种依存关系！又创造了怎样一种成功的奇迹呢！尽管我们有过种种矛盾，但从未挡住过彼此发展的道路。

格鲁夫：有一本书，名为《合作竞争》。作者把比赛理论运用到商业中，提出商业竞争中“互补者”的概念。微软和英特尔就是典型的“互补者”。通过我们之间的合作，我们学会了容纳他人的观点，放弃目光短浅的偏见，这已是我们双方的共识。

盖茨：我们之间并没有排他性的关系。如果明天有人走进微软，说他们有一种更快、更便宜的微处理器……

格鲁夫：哦，其实你们这样做过，你们试过别人的芯片，但失败了。

盖茨：你们也一样。我们并不赞许英特尔所做的每一件事，但我们尊重他们的想法。

格鲁夫：我对微软最深的印象是，他们是高深的战略家。他们绕来绕去，游刃有余。不过他们的防御心太强，有时一点小小的分歧也会招致他们强烈的感性反应，从而阻止了创造性的探讨。在合作15年之后，我们已知道这会像风一样吹过，他们会冷静下来。当然，英特尔的许多人也一样容易情绪激动。

盖茨：谢天谢地，还没有什么人被打得鼻青脸肿。

（谈话时间为1996年，因此谈话中的“去年”指1995年。）

致谢

本书中的观点有两个实践来源。第一个来源，也是最重要的来源，是我在英特尔公司多年的管理经验。多年来，我经历了不少战略转折点。第二个来源是我的教学经验。5 年来，我在斯坦福大学商学院的研究生院与另一位老师共同讲授企业战略管理课程。借助学生们的视角，我回顾了自己和他人的一些经验。第一个实践来源是亲身处理变化的经验，第二个则与它互补，是从外到内的剖析。

因此，我向英特尔的管理者同行们和斯坦福的学生们致以谢意。我特别感激和我合作的老师罗伯特 · 布格尔曼教授。他不仅在个案教学方法方面是我的良师益友，而且还帮助我理清和扩展了思路。

我原本没有写这本书的意愿，是来自双日出版公司的哈丽雅特 · 鲁宾找到我并告诉我有这个必要。她对这个课题的深刻理解，对内容主旨的一贯坚持，以及对基本概念的细致阐发，都对本书的写作极有帮助。

另外，我还要感谢罗伯特·西格尔，他一直致力于为我的事例找到正确的出处，收集注解中使用的参考文献。他精益求精地为我改正了许多不正确和上下文不一致的地方。

我要最衷心地向凯瑟琳·弗雷德曼致以谢意。在把基本思想写成书的整个过程中，我都得到了她的鼎力相助。她对这个课题理解得很深，又能够跟上我的思路；同时，她组织文章的才能简直令人称奇。这些对于我的写作来说都是无价之宝。

她洞察到个人前途和公司战略之间的相似和联系，这对我也是一个极为有用的帮助。她的幽默感也帮助我避免了许多可能的错误。

最后，我真诚地感谢我的妻子夏娃。她负担了双重的责任，支撑着我经历了数十年的风风雨雨，这次又帮助我在写书过程中回忆过去的经历，并为我校对书稿以确保文路清晰。

1996 年 2 月

于圣克拉拉